# 株が上がっても下がっても
# しっかり稼ぐ投資のルール 新版

波乱相場を勝ち抜く

太田 忠

JN094097

日経ビジネス人文庫

# はじめに

もう過去の株式投資のやり方では通用しない！
上昇相場でも下降相場でも金融資産を増やすための「新時代の株式投資術」――。

一言で言えば、これが本書の目的である。

読者の皆さんは気づいているだろうか？　株式投資のやり方は大きく変わってしまったのである。古き良き時代の「Buy and Hold」（バイ・アンド・ホールド＝買ったらずっと保有する投資手法）はもはや通用しない時代になり、その傾向は年々強まってきているというのが、私の偽らざる実感である。

２０１２年11月の民主党による衆議院解散宣言でスタートした「アベノミクス」による久々の本格的上昇相場は、多くの個人投資家を株式市場に引き寄せた。「買っても儲からない」「損ばかり出している」「塩漬けからどう脱却すればよいか」というかつての嘆き節がまるでウソのように消え去った。とは言っても、それは2015年頃までのお話であり、その後はチャイナショック、米中貿易摩擦問題、新型コロナショックなどのネガティブなイベントが次々と起こり、そのたびにマーケットを揺るがす事態となっている。

上昇トレンドにある相場では誰でも利益を上げることができる。しかし、いつかは下落局面がやって来る。したがって、上昇局面における対応だけではなく、下落局面においてリスクを管理し、逆にそれをチャンスに変えてリターンを上げられるような投資家になれるかどうかが、成功のカギを握っている。

これまで個人投資家が信奉してきた投資セオリーは、いい会社を見極めて投資をし、株が上がるまでずっと保有し続けるという「バイ・アンド・ホールド」のやり方であった。株式投資の王道中の王道の手法である。いったん投資すれば、あまり手間もかからないし、たまに株価をチェックしてリターンが上がっているのを確認するくらいで簡単だ。

だが、買ってからずっと保有するばかりで対応する投資手法では、結局のところ単純な上昇相場でしか機能せず、下落局面になるとたちまち「塩漬け」となってしまう。ここが問題なのである。この「塩漬け」問題に悩まされた個人投資家がなんと多いことであろうか。昔も今も日本の個人投資家による株式投資は「塩漬け」の歴史と言ってもいいくらいである。

「新時代の株式投資」では、相場の上昇局面だけに期待しない。なぜなら、それは非現実的であり、危険なことだからである。私が社会人になってから今まで、過去30年間の日本の株式市場を時間軸で見ると、〝上昇局面と同じくらい下落局面が存在〟し、しかも個々の投資家を投資パフォーマンスの尺度で見ると〝儲かっている時間よりも損をしている時間の方が長い〟というのが偽らざる実態だと思う。これが日本経済の「高度成長期」が終わり、「成熟期」に入った時代における株価形成なのである。経済が成熟した日本市場においては、右肩上がり相場が長期にわたって続くと期待するのは難しい。

30年前と言えば、ちょうど土地神話・株式神話によるバブル時代のピークと合致する。日経平均は1989年12月29日の大納会の終値ベースで史上最高値3万8915円を記録した。「日経平均は5万円になる！」「これから経済はまだまだ成長する！」「年収はどんどん上がる！」という熱気に包まれていた。今日よりも明日、明日よりも明後日、今年よりも来年、来年より10年後の方が良くなると誰もが信じていた。本当に信じていたのである。にもかかわらず日経平均はちょうど20年後の2009年3月10日にはまさかの7054円に……。ああ、一体誰がこの事態を想定していただろうか。

したがって、上昇相場だからといって浮かれていてはいけない。それは束の間の出来事かもしれないのだ。いや、もし浮かれている期間が3年や5年も続くとすれば、それは稀に見る幸運ということであり、未来永劫、上昇相場が続くとアテにすることはできない。

もし、誰もがその到来を望んでいない下落局面をも味方につけることができれば、資産運用は本当の意味で長期にわたってチャンスに満ちた存在となってくる。そのためには、本書で述べる「リスク管理」「デリバティブの活用」「売りの信用取引」「インバース型ETF」などの投資戦略が有効になってくるだろう。

何のために株式投資をするのか？　さよう、資産形成のためである。

生きている限り、お金の問題から逃げることはできない。自分の金融資産は自分で築き上げねばならないのである。そうしないと社会の一線から退いた後、大きな苦労をすることになる。これは目を背けることのできない厳然たる事実。しかも、誰にも頼れないのだ。

えっ、国の年金をアテにするだって？　バカなことを言ってはいけない。アテにできるのはすでに「既得権」としてもらっている受給者だけであり、これから10年もすれば本当にアテにできなくなる時代が確実にやって来る。年金不足による「老後資金2000万円問題」は偽らざる現実問題として直視しなければならない。

本書は、2013年8月に日経ビジネス人文庫への書き下ろしとして出版されたものだが、幸いに好評を博して幾度も版を重ね、多くの読者の方々に読んでいただいた。しかし、旧版からは相応の時間が経過し、マーケットの様相も当時からは大きく変化したため、この度新版として皆様にお目にかかることになった。

基本的には旧版を踏襲する内容となっているが、新版には新版たる理由がある。その目玉は、何と言っても新しく書き加えた、「新型コロナショックであなたの投資家レベルを判定」という序章だ。

新型コロナショックという典型的な急落相場で個人投資家の対応は大きく分かれた。急落相場でこそ、個人投資家の問題点がむき出しになると私は考えており、「どういう投資行動を取ったかで、あなたの投資家レベルがわかる」というメッセージを出してみた。新型コロナ相場で大きな痛手を負って負け組投資家になってしまった方は、どうすれば急落相場でも切り抜けられる勝ち組投資家になれるかが本書を読めばわかると思うし、今回は何とかうまくいった投資家も、次の急落相場でさらに勝ち続けるためのノウハウを学ぶことができると思う。本書をより興味深く読んでもらうための道案内の役割を序章に持たせたわけである。

また、他に書き加えた項目としては「新興銘柄のリスク管理」「株価が上がる理由、下がる理由を知ろう」「個別銘柄に自信がなければ株価指数連動型ETFでもOK」「NISAや確定拠出年金も活用しよう」などがある。

本書は文庫本というお手軽なサイズながらも、これまでの株式投資の本では突っ込んで紹介されてこなかった考え方や実戦的手法を随所にちりばめている。すでに株式投資をおこなっている人のみならず、これから株式投資をやってみようという人にも、役立つ内容となっているはずだ。

さて、最後に筆者の紹介である。私は1988年新卒入社の第一證券（現・三菱UFJモルガン・スタンレー証券）を振り出しに、ジャーディン・フレミング証券（現・JPモルガン証券）で中小型株のセルサイド・アナリスト、またDBモルガン・グレンフェル・アセット・マネジメント（現・ドイチェ・アセット・マネジメント）、JPモルガン・アセット・マネジメントでファンド・マネジャーを経験し、2009年3月に太田忠投資評価研究所を設立し、独立した。

事業の一環として、個人投資家向けのインターネットによる投資講座を開催しており、「投資実践コース」においてモデルポートフォリオの運用をおこなっている。まさに本書で紹介している投資手法を実践しているわけだが、銘柄情報、企業分析レポート、ポートフォリオレポートなどを配信している。興味のある方は弊社サイトをぜひ一度訪問してほしい。

資産運用力の向上で人生を上方修正しよう！

これが弊社のキャッチフレーズであり、株式投資によって本格的に資産形成を目指す方々へのお役に立ちたいというのが私の強い思いである。

最後になるが、2014年よりFM軽井沢で『軽井沢発！　太田忠の経済・金融〝縦横無尽〟』を毎週土曜日午後4時～5時に生放送している（再放送は日曜日午後9時～10時）。おかげさまで間もなく丸6年を迎える長寿番組となった。毎回ホットで興味深い経済・金融の話題や資産運用の話も取り上げているので、お時間のある時にでも聴いていただきたい。インターネット放送もおこなっているので全国どこからでもパソコンやスマホでの視聴が可能だ。FM軽井沢のホームページのトップページにある「ON AIR」のバナーをクリックすれば簡単にアクセスできる。

本書とはまた違った形でも皆様にお目にかかることを楽しみにしている。

2020年8月

太田　忠

# 目次

## 第3章 株式投資の実戦力を身につける

## 第4章 上昇相場で資産を増やすポイント

## 第7章 個人投資家に知ってもらいたい、さらなる注意点はここ

# 序章

# 新型コロナショックであなたの投資家レベルを判定

## ――急落相場でこそ、むき出しになる個人投資家の問題点

「新型コロナショック」──。

中国の武漢で発生した新型コロナウイルスによる人から人への感染が明らかとなり、同市は2020年1月下旬にいち早くロックダウン（都市封鎖）された。世界経済への甚大な影響が懸念されていた矢先、2月24日のNYダウは1031ドル安と過去3番目の下げを記録。楽観相場の中で3万ドル間近まで接近していた状況が一気に崩れ始めた。その後、欧米各国でも感染が急速に拡大して次々とロックダウンがおこなわれたため、株式市場は下げ止まらない展開となり、すさまじい下落相場を演じることとなった。

図表1は急落局面における日経平均の動きを表したものだが、2000年のITバブル崩壊、2008年のリーマン・ショック、そして今回の新型コロナショックの3つを比較している。

結果的に新型コロナショックは短期で急速に戻ったものの、初期の下落局面だけを見るとマイナス30％近くになるまでのスピードは最速だったことがわかる。

本書冒頭の「はじめに」でも述べたように、新型コロナショックという典型的な急落相場において個人投資家の対応は大きく分かれた。急落相場でこそ、個人投資家の問題点がむき出しになると私は考えており、「どういう投資行動を取ったかで、あなたの投資家レベルがわかる」、すなわち「自分の投資家レベルを知る」というのがこの序章の目的であ

［図表1］ 急落局面における日経平均の動き

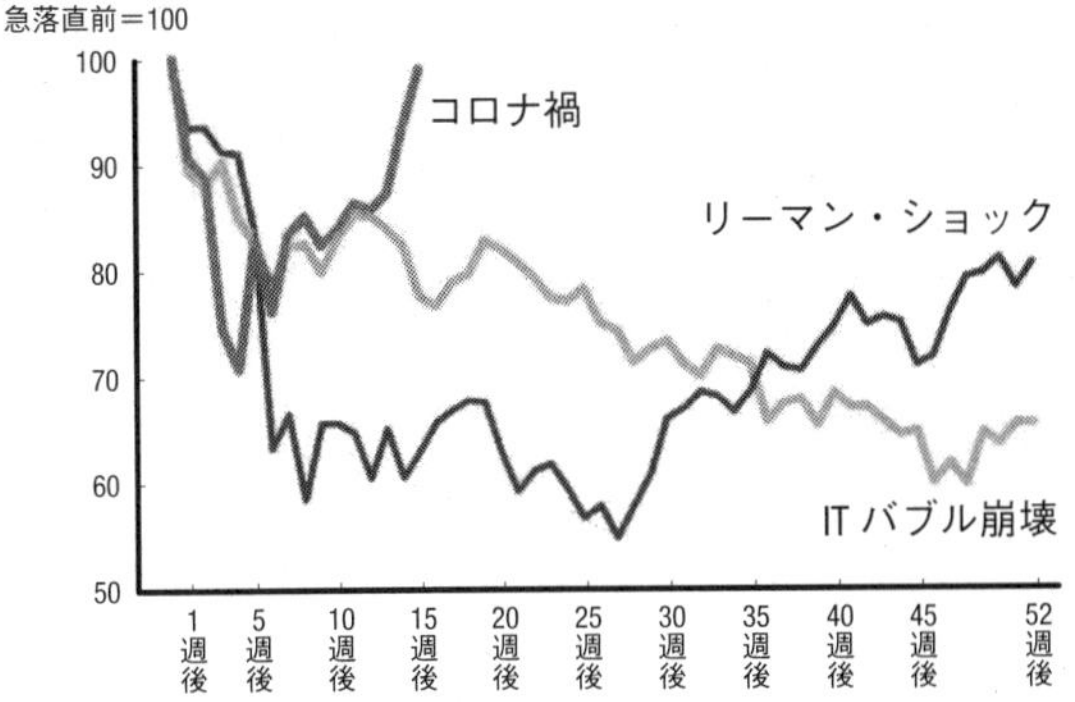


（出所：日本経済新聞2020年6月9日付）

る。

　そこで、皆さんに問いたいのが、「下落相場をどう過ごしたのか？」という点だ。新型コロナショックが始まる直前の２０２０年２月21日の状況（日経平均２万３３８６円）と、そこからかなり戻る形となった６月30日の状況（日経平均２万２２８８円）を比較して、ご自身のパフォーマンスを今一度検証してほしい。

　新型コロナ相場で大きな損失を出して負け組になってしまった方は、どうすれば勝ち組になれるかを学ぶ必要がある。また、今回の急落イベントをうまく切り抜けた投資家や逆にピンチをチャンスに変えた投資家も次の急落相場でさらに勝ち残るためのノウハウを学ぶことが大事である。序章で自分の投資力を自己判断した上で本編をより興味深く読めば、自分に足りない点を得ることが多いと思う。

あなたがどのような投資行動をとったのか？　以下に10のパターンに分類してみたので自問自答してほしい。

## ①　急落で強制的に投げさせられた人（過度な信用取引などをしていた）

今回のような急落相場において一番まずいタイプの投資家である。

通常、1株1000円の銘柄を1000株買う際に必要な資金は100万円だ。普通の投資家であれば自己資金100万円を出して投資をおこなう。しかし、信用取引を使えば元手の100万円で3倍の3000株を買うことができるため、100万円で実質300万円の投資をおこなえる。すなわち、理屈の上では3倍のスピードで資金を増やすことができるわけである。

うまくいけば、もちろんその3倍のスピードで自分の資産は増えるが、裏目に出た場合、3倍のスピードで損失が膨らむことになる。損失が出れば追証とよばれる追加の保証金を証券会社に差し入れなければならず、お金がなくて対応できなければ強制的に投げさせられることになる。さらに日経平均先物などの先物取引の場合、25倍ものレバレッジを利かすことができるので、株の信用取引とは比べものにならないほどの借金をして投資していることになる。思惑が外れて一瞬のうちに相場が逆方向に動いたら、自己資金を失って強制退場させられる。

あなたが売ったところは、本当は買わないといけない株価だったのに……。

無理な投資をしていると、本来買うべきところを強制的に売らされるのである。

そういうスタンスを改めるためにも、また今後そのような投資家にならないためにも第5章1の「下落相場こそ信用取引の活用を考える」や同じく第5章5の「デリバティブを賢く使いこなそう」などを学んでいただきたい。特に重要なのが、レバレッジができるからといって目一杯レバレッジを使ってはいけないという考え方だ。

この後の④で取り上げるフルインベストメントでも急落相場はまずいのに、レバレッジという実質的な借金をして自分の金融体力を超えた状況で急落相場を迎えると、すべてを吐き出した上、さらに背負った借金まで返済しなければならなくなる。株式市場で大きな損失を出して強制退場させられたら、もはや株式市場に戻って来られない立場に追いやられる。

## ②　恐怖心から安値で売ってしまい、損失だけ出した人（感情で行動した）

この場合は①とは決定的に異なるタイプであり、全くダメな投資家とは言えない。

損失を抱えたら売却するという行為は正しい行為である。損失の傷が浅い段階で売却しているのなら問題ないのだが、あらかじめ売りのルールを定めていないと、投げ売りが最高潮に達した、まさにどん底のマーケットにおいて、恐怖に駆られて売る投資行動になりやすい。そして、その後マーケットがリバウンドしても恐怖心から再びエントリーできない行動になりがちだ。すなわち、損失だけを出して終わってしまう結果となる。

投資のルール作りをしっかりおこなうという意味において、第2章4の「リスク管理こそ生命線」、第3章6の「ポートフォリオ運用に踏み出そう」、そして第6章の「心理的な壁を乗り越える」に目を通してほしい。

### ③ その後、保有株の株価が回復しない人(間違った銘柄に投資した)

今回の新型コロナショックでの主要市場別のパフォーマンスを見ると、2月の日経平均がマイナス10・6%、TOPIXがマイナス10・3%、一方小型株指数のジャスダック平均がマイナス13・1%、マザーズがマイナス14・9%。そして、3月の日経平均はマイナス10・5%、TOPIXがマイナス7・1%、ジャスダック平均がマイナス10・4%、マザーズがマイナス11・5%となり、わずか2カ月間でいずれの市場も約20%ものマイナスとなった。だが、その後4月から5月にかけて大半を取り戻す形となっている。

しかし、これはあくまで市場平均の姿。個別銘柄では極めてばらつきが大きく、テレワークや巣ごもり需要でむしろ株価が大きく上がった銘柄もあれば、優良株であるがゆえに大量の押し目買いが入って損失が解消されてプラスに転じたものがある一方、株価が半値以下に沈んだままの銘柄もたくさん出ているのだ。

そこで、やはり考えなくてはならないのが「あなたは間違った銘柄に投資していませんか？」という問題だ。投資する前にロクに調べもせずに「かなり危険な銘柄に投資してしまった……」というのは論外である。あるいは、景気敏感株は全体のマーケットが回復する中でもなかなか株価が浮上しない、ということ自体は当然のことなので致命的問題とは言えないのだが、「景気敏感株ばかり投資していてパフォーマンスが悪い……」というのであれば大きな問題である。さらに、雑誌や本、あるいはラジオなどで紹介された銘柄を鵜呑みにし、株価がホットな時に高値づかみをして奈落の底に落ちたというのであれば、やはり問題の多い投資スタンスと言える。

洗練された投資手法を身につけるために、第3章2の「個別銘柄における投資アプローチの基本を習得する」、第3章3の「会社説明会資料と決算短信を読みこなせ」、あるいは第4章1の「買う銘柄を選ぶ際の注意点」や第5章2の「危ない企業を見極める」を読んで個別銘柄への正しいアプローチを身につけていただきたい。

### ④　せっかくの安値で買えなかった人（フルインベストメントしていた）

猛烈な下落相場の中で、持ち株が大きく含み損を出して冷や汗をかいた一方で、「こんなに安いのはおかしい」「こんなに安いのなら、もっと買い増したい」と思った投資家も多く存在する。しかし、結局のところ安値では買えなかった人たちだ。その理由は何か？「残念ながら投資するお金がもう手元にない」である。すなわち、金融資産をすでにすべて投資につぎ込んでいるフルインベストメントの弊害である。万が一の時に、手元にキャッシュがないのは問題なのである。

そういう投資家は相場とともにプカプカ浮いたり沈んだりを繰り返し、一時的には含み益を大きく増やす場面もあるのだが、下落相場で含み益消失、さらには含み損に転落……という結果を招いている。含み損を抱えてしまった時に「あの時高値で売っていれば……」と嘆いてみても、含み益はしょせん幻なのである。

そういう投資家にならないために、特に第2章2の「資産運用の基本はアセットアロケーションにあり」で基本を学び、同じく第2章3の「時間的分散投資が重要」で長期投資に必要不可欠なフレームを身につけていただきたい。

もちろん②のケースとは違って、その後株価が回復したという点では致命的ではないが、もっとレベルの高い投資家になりませんか？と私は提唱してみたい。

### ⑤ 急落の初期で売り、安値で買えた人（リスク管理のできる勝ち組投資家）

これは相当優秀な投資家であり、本書の理想とする投資家だ。普通の投資家ならば、「株価が急落するなんてわからないのに、どうやって急落の初期で売ることができるのか？」「下落相場の結末を見ているわけではないのだから、そんな行動はできないのではないか？」「たまたまうまくいっただけではないか？」と愚痴りそうだ。

しかし、リスク管理ができていれば急落相場において初期段階で損失を回避することができるし、売却で積み上がった手元のキャッシュを生かして、思ってもみなかった安値で買うことができるのだ。

そうした投資家になるためにはどうすればいいか？

第2章4の「リスク管理こそ生命線」を読んでいただきたい。個人投資家に最も欠けている「投資ルール」について詳しく説明している。

**⑥　手元のキャッシュを生かして買い出動できた人（時間的分散投資ができる勝ち組投資家）**

もともと手元にキャッシュを持っており、それを生かして安値で買い増すことができた人は、今回のマーケットをピンチからチャンスに変えた投資家と言える。

すでに投資している銘柄は売らずに、買い増しできた場合も合格点である。ナンピン買いは投資行動としては基本的におすすめできないのだが、それは個別銘柄の個別事情で下落しているケースである。今回のような全体のマーケットが下がるという、個別銘柄にとって平等的なイベントにおいては、「下手なナンピン、素寒貧」という相場の格言は該当しない。平常ではなかなかお目にかかれない、安く買えるチャンスが到来する。

### ⑦ 急落局面で果敢に売りポジションを取った人（柔軟な投資手法を持つ勝ち組投資家）

急落相場は上昇相場と違って、株価の値動きは2倍から3倍程度にスピードアップする。したがって、上昇相場における買いポジションよりも、下落相場における売りポジションの方が短期で利益を得ることができる。

売りポジションを持つことは、一般の投資家が損失を抱えて売りに走っている行動を味方につけることである。一段の安値となったところで買い戻せば利益が出る。

こうした投資手法について知りたければ、第5章1の「下落相場こそ信用取引の活用を考える」や同じく第5章3の『「上昇スピード」より「下落スピード」の方が速い。一気にバリュエーションが縮小するのを味方につけよう』を読んでいただきたい。

### ⑧ 売りポジションを取ったが反発局面で損を出した人（投資ルールがない）

こちらは⑦と同じ投資行動を取ったものの、「まだまだ下がる」と見込んで株価が反発しても含み損を放置して、結局は損失になってしまった投資家である。

買った後のリスク管理は大事だが、売った後はそれ以上にリスク管理が必要となる。特に信用売りの場合、損失は理論的には無限大になってしまうため、細心の注意が必要だ。やはり、第2章4の「リスク管理こそ生命線」をよく読んで、自分に必要な「投資ルール」を作っていただきたい。

**⑨　投資に初めて参加した人（多くの若者が利益を上げたが、今後は……？）**

今回の新型コロナショックという急落相場において、特に若い人たちが証券口座を開設して、株式投資を始めたというニュースが話題となった。株式投資は「安く買って、高く売る」というのが基本セオリーなので、こういう「急落」にこそ目を向けて、それをチャンスに生かしたのは称賛されるべき行動だ。

「しかし……」と私は思う。そういう投資家が次の急落相場で運用資産を大きく失うとすれば、結局は負け組投資家と何ら変わらないことになってしまう。ビギナーズラックで終わってしまわないためにも、本書の全編に目を通してほしい。

**⑩　投資に興味を持った人（だから本書を買ってみた）**

2019年6月に金融庁の金融審議会「市場ワーキング・グループ」が出した報告書が社会的に大きな注目を浴びた。公的年金だけでは普通の生活ができず、別途2000万円を自分で貯めておく必要がある、という「老後資金2000万円問題」が話題になったが、誰しも不安なのが老後の蓄えである。

ますます長寿化が進んでおり、老後の生活資金を自ら準備しておく必要があるのは報告書の発表以前から自明の理。そもそも国の年金だけに頼って生活しようという発想自体に無理があるのは、本書の読者ならば十分わかっているだろう。

今回の相場急落をきっかけに、初めて投資に興味を持った人は多く、ひょっとしてあなたはこれから投資家としてスタートする立場にいるかもしれない。だからこそ本書を買って勉強しようと思ったはずだ。

そういうまっさらな人にこそ、本書を読んで正しい知識、正しい投資技術を習得していただきたい。

以上、今回の新型コロナショックという急落相場において典型的なパターンを紹介した。

特に負け組投資家①〜④および⑧の人たちは第1章以下、本書の内容がことごとく身につまされ、心に染み入るように理解できると思う。⑨で成功体験をした人も実はこれからが大事であり、⑩のまさに投資家に踏み出そうという人にもぜひとも成功していただきたい。要するに⑤〜⑦のような「勝ち組投資家」になってもらう、というのが本書の役割である。

それでは、さっそく本編を読んでいただくことにしよう。

# 第1章

# こんなにも変化した株式市場

## 1　ミリ秒単位の世界

### 高速取引で売買の時間的ロスがなくなった

２０００年に入る頃から、株式取引はインターネットでもできる時代となった。これはもう青天の霹靂ともいうべき出来事であったが、２０１０年以降の証券取引所のハイテク化はすさまじく、すっかり株式市場の世界を変えてしまった。

東京証券取引所は長年、日本橋兜町に存在し、日本の株式市場を支えてきた。私が大学を卒業して社会人になった１９８８年当時の株式市場はすさまじかった。連日の全面高相場で、来る日も来る日も株価が上がる。「買うから上がる」「上がるから買う」が途切れることのない毎日だった。ＮＴＴの民営化による上場でこれまで株式取引に全く縁のなかった主婦層までもが、どんどん参入していた頃である。

当時の株式注文は証券会社に電話する方法しかなかった。ところが、活況相場では電話が込み合って、なかなかつながらない。待つこと平均10分〜15分くらいかかっていただろうか。そこで注文を伝えてから注文伝票が入力され、証券取引所の売買担当者に伝達される。取引所では「場立ち」によって「取引銘柄」と「売買の別」「数量」がサインでやり取りされ、ようやく決済された。注文を出そうと思い立って、それが執行されるまでに20分～30分くらいは平気でかかっていた時代である。だが、1999年4月30日をもって場立ちが忙しく動き回った立会場は廃止され、すべての銘柄がコンピュータ取引される時代に入った。

そして、今やミリ秒単位の世界となっている。

ミリ秒単位というのは「1秒＝1000ミリ秒」という世界であり、あの短い1秒の長さを1000分の1までに分割できるスピードで、今や自宅のパソコンやスマートフォンなどの携帯端末で注文から執行までをこなしている。売買に関しては、全くのノンストレスの時代。すさまじい世界に変身してしまった。

## 証券会社がシステムトラブルを起こしたらヤバイ時代に

ところが、すべてが良いわけではない。こういう時代になると最も恐ろしいのが「システムトラブル」である。証券会社のシステムトラブルはもちろん、証券取引所においても1年に一度くらいは何らかの大きなトラブルが発生している。

近年の記憶で最もすさまじいのは、2006年1月18日だろう。ライブドア事件が起こり、大量の売り注文にコンピュータ処理が追いつかずシステムがダウン。東京証券取引所の全銘柄の取引が停止された。翌日の新聞の株価欄の株価がすべて「－」（取引なし、の意味）になるという壮観な光景だった。

株式の取引がなされる証券取引所においてシステムトラブルが発生するのは、非難されるべきことで、グローバル的にも「日本の取引所は信頼できない」と批判されることになる。こういう事態が起こらないように全力を挙げて常に万全の態勢を敷いてほしいのだが、実は個人投資家にとって本当に恐ろしいのは、自分が取引している証券会社の単独でのシステムトラブルである。これこそ最大のリスクである。

証券取引所自体がトラブルを起こせば、その当該銘柄について誰も取引できないため、変な言い方だが、売買において「不公平」は生じない。ところが、A証券会社だけがシステムトラブルを起こした場合、他の証券会社の顧客とA証券会社の顧客との間には多大な「不公平」が生じる。

証券会社のシステムトラブルが起こるのは、決まって何か株式市場にとって大きなイベントがあり、皆が一斉に取引したい時である。「欲しい銘柄が買えない」というのならばまだしも、「手持ちの株を売れない」という事態に見舞われる。証券会社には金融庁から処分が出されることはあっても、顧客に対して「たら」「れば」に対する損失補塡はしてくれないのである。

したがって、単独の証券会社とだけしか取引しないのは非常に危険なことなので、複数の証券会社に口座を持つことが必要である。仮にA証券で「手持ち株を売りたい」ということができなくても、B証券で新たに「その銘柄のカラ売りを入れる」ことで、トータルでのロスを大きく減らすことができる。

## 一瞬の早業競争など考えなくても大丈夫

ミリ秒単位が実現したのは、2010年1月4日から東京証券取引所が「arrowhead(アローヘッド)」という売買システムを稼働させたからである。稼働当初は売買成立までに1秒以上を要するレベルであったが、どんどんグレードアップされ、現在では1000分の1秒以下のレベルを実現している。

話題になっているのが、機関投資家やヘッジファンドが活用しているHFT(High Frequency Trading)と呼ばれる取引手法である。文字どおり、「超高速取引」であり、相場の値動きを解析して、ミリ秒単位で高速の頻繁な自動売買をおこなって利ザヤを稼いでいる。

「そんな超高速取引が活用できないのであれば、個人投資家に勝ち目はないのではないか?」と問い返されそうだが、それは別の話。そもそも株式投資は、ミリ秒単位で決着がつくものではなく、いかに「安いところで買って、高いところで売るか」、あるいは「高いところで売って、安いところで買うか」で決まる。ミリ秒単位の時間の勝負では、それぞれの利ザヤの積み重ねもほんのわずかである。個人投資家にとっては、もう少し時間軸を延長しなければ、利益はついてこない。

最低でも1時間、あるいは半日、1日（これらはデイトレードの世界）、1カ月、3カ月、半年、1年（普通の株式投資のスタイル）……の時間が必要である。システム取引に頼るリターンではなく、株価の割安・割高や相場の流れを見極める力の方がよっぽど重要である。したがって、個人投資家は「ミリ秒単位の世界」に生きながらも、「ミリ秒単位での勝負」をする必要など全くない。安心してほしい。

## 2　機関投資家よりも優位になった個人投資家

### リアルタイムに売買ができて流動性の影響は小

株式運用において、機関投資家と個人投資家はどちらが優位か？

答えは圧倒的に個人投資家である。だが、15年くらい前までは圧倒的に機関投資家の方が優勢だった。機関投資家は売買システムを持っているため、リアルタイムでの値動きを見ながら売買ができる。加えて、情報の面でも決算発表があると、比較的早い段階で決算内容を入手し、個人投資家が読むことのできないアナリストレポートも優先的に読むことができた。これでは個人投資家は太刀打ちできない。

やはりプロが運用する投資信託でも買うか、ということになり、運用会社のさまざまな商品が重宝された。とりわけインターネットバブル最盛期の2000年2月に野村アセットマネジメントが設定し、野村證券が販売を担当した「ノムラ日本株戦略ファンド」は募集で集まった金額から1兆円ファンドなどとも呼ばれ、投信の一大ブームを引き起こした。

ところが、今や個人投資家もリアルタイムでの取引が可能となり、各銘柄の板情報（売り・買いの価格と数量）もリアルタイムで見ることができ、決算発表などの情報もリアルタイムで入手して、多くのアナリストレポートも読むことができる。インフラ面において格差は完全になくなった。

こうした環境の中で、機関投資家に比べて個人投資家はその取り扱う運用額が圧倒的に小さいため、売買において一瞬の動きが可能である。機関投資家だとそうはいかない。1000億円のファンドを運用していて、100銘柄を保有、1銘柄10億円の金額というケースでは、時価総額が20兆円を超えるトヨタ自動車ならば10億円の売買は1日で可能だが、時価総額が500億円クラスの銘柄になると、買い終わるのに1週間も2週間もかかったりする。時価総額が100億円クラスの銘柄へ10億円も投資することはほとんど不可能だ。ところが、個人投資家ならば時価総額100億円クラスの銘柄でも500万円投資したいとすれば、1日の売買代金が2000万円もあればその日のうちに買えるだろう。図体の大きいお金を動かすのには時間がかかるのに対して、個人投資家はそのようなデメリットがない。これは大きな違いである。

## 自由にマーケットへの出入りが可能

個人投資家にとっては当たり前なのに、機関投資家にとっては当たり前でないのが「自由度」である。上昇相場に変調の兆しが見えてきたので、手持ちの銘柄をいったん全部売却して「ちょっと様子見してみようか。けっこう儲かったし」というのを個人投資家は誰にも気兼ねせずに自由にできる。

ところが、機関投資家は一部のヘッジファンドを除いて、こんな大胆なことはできない。その最たるものがフルインベストメント型の投資信託である。フルインベストメントとは、手持ちの資金をほとんど何かに投資するという意味である。競争すべき相手がTOPIXなどの市場の動きそのものを示すベンチマークであるため、上がる局面でも下がる局面でもベンチマークに勝てばよい、ということになっている。したがって、下げ相場でどんどん株価が目減りしていっても株を売ろうとはしない。

いや、売ってもよいのだが、売った分を何か別の銘柄に乗り換えなければいけないため、その銘柄を買ってもまた下げ続ける、ということが頻繁に起こる。運用に本来あるべきはずの「含み益を減らさない」「含み損を増やさない」という原則に背いていることになる。そして、機関投資家であるファンド・マネジャーも苦痛を強いられる。

リーマン・ショックが起こる半年くらい前から、米国のサブプライムローン問題は非常に深刻だった。「もし一大事が起これば日本株もクラッシュする」と当時ファンド・マネジャーであった私も考えていたのだが、フルインベストメントの制約がある以上、逃げることができなかった。

「今こそ全部売却して、運用資産を避難させたい！」と思っているうちにリーマン・ショックがやって来たのである。運用している複数のファンドの合計資産が毎日毎日何十億円単位で減っていくのは、さすがに耐えられないことであった。しかし、個人投資家ならばそんな苦痛を味わう前に行動することができる。

**機関投資家では使えないリスク管理ツールが使えるようになった！**

株式投資の世界に一歩でも足を踏み入れたら、「損失」から逃れることはできない。これは厳然たる事実である。どんな投資家においても、すべての投資が成功するなどということはありえない。「この銘柄には100%自信があるから、絶対成功する」という投資家ほど、アブナイ投資家である。

損失が必ず発生するのが大前提である。コントロールされた損失とそうでない損失とでは大きく意味が異なり、資産運用の優劣を決める重要なポイントとなる。とりわけ、値動きの激しい中小型株に投資をする場合、損失を抱えた際の痛手が大きいため、徹底した「リスク管理」をおこなうことが必要となる。

そこで登場するのが「逆指値注文」である。

逆指値とは、株価が売買注文時に「指定の株価まで下落したら売り」「指定の価格まで上昇したら買い」とする注文形態で、通常の指値注文と反対であるため「逆指値」注文と呼ばれる。

「逆指値注文」はインターネット証券の時代になって個人投資家が手に入れた最大の武器だと私は思っている。「リスク管理」と「利益確定」の機能を併せ持ち、アクティブ運用の機関投資家を凌ぐ売買ツールである。なぜならば、一般的なフルインベストメントタイプの機関投資家は、「逆指値注文」を活用した運用ができないからだ。「逆指値」にヒットしたために保有銘柄が全売却になる、なんていうことは許されない。

「逆指値」ができるようになって、株式投資はあらゆるリスクアセットの中で最も「リスク管理」が容易になった。しかし、このことに気づいている人たちは少ないようだ。その証拠に、こんなにすばらしいものがあるにもかかわらず、まだあまり積極的には利用されていない。逆指値の詳しい活用法は第2章で解説しよう。

## 3　バイ・アンド・ホールドはもはや通用しなくなった

### 日本の株式市場そのものが右肩上がりトレンドからはとっくに卒業

日本の株式市場は私が社会人になって証券会社へ就職した2年目の1989年12月29日、すなわち大納会の終値で付けた最高値3万8915円をもって、戦後から一貫して続いてきた高度経済成長にともなう右肩上がりのトレンドに終止符を打った（図表2）。

相場が右肩上がりであれば、「バイ・アンド・ホールド」が最も有効な投資手法になる。時間が経過すればするほど株価が上がっていくのだから、株式への投資は非常に利回りの優れた投資対象だ。私が社会人になった頃の株式入門書では「株式投資のリターンは年率7％」というのがうたい文句であった。当時の定期預金の金利はおよそ5％。金融資産を1億円持っていれば、年間500万円超が生み出され、「仕事をしなくていい」と言われていた時代であった。

ところが、金利は年々下がり、株価も年々下落した。通常、金利の低下は株式市場にとってプラスのはずであるが、高度経済成長が終わり、これまでの上がり過ぎてしまった株式市場の下落を食い止める力にはならなかった。

［図表2］ 1970年からの日経平均株価の推移

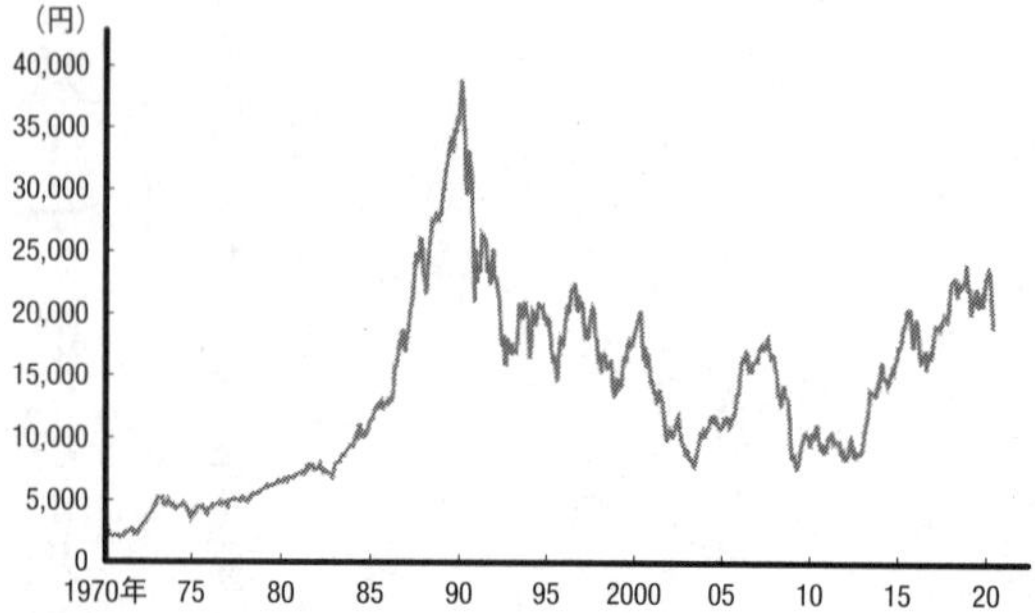


相場の最高値近辺が株式市場において最も活況な時期であったため、この頃に高値で投資をして「バイ・アンド・ホールド」をした投資家たちはことごとく壊滅的な被害を受けた。

もちろん、１９９０年から２０１２年頃までの下落トレンドの中においても、リバウンドする局面は何度か出現するのだが、それはしょせん「短期的リバウンド」の域を超えることができなかった。２０１３年よりようやく反転相場となったが、新たな上昇局面を生み出せるかどうかはわからない。一貫した強い経済成長が10年、20年と継続するような世の中になれば別だが、それが起こらなければ、１９８９年12月29日に付けた最高値３万８９１５円を超える日は今後来ないだろう。

したがって、「バイ・アンド・ホールド」が通用しないことは明白である。

［図表3］トヨタ自動車の過去15年間の株価推移

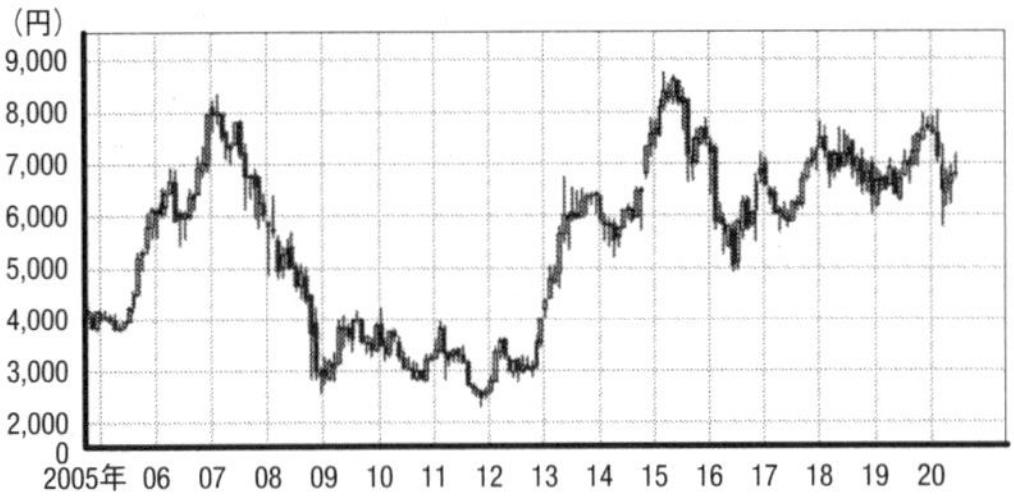


## 日本一のトヨタですら上昇・下落はすさまじい

日本の株式市場の頂点に立つ企業は、トヨタ自動車である。

これは昔も今もほとんど変わらない。「腐っても鯛」という言葉があるが、どんなに厳しい株式市場においても「腐ってもトヨタ」である。頂点に立つ、というのはもちろん年間に生み出す利益がトップということであり、株式市場での企業価値を測る時価総額（株価×発行済み株式数）においてもトップということである。ちなみに2020年6月24日の終値6977円における時価総額は22・3兆円となっている。

トヨタ自動車クラスの銘柄ともなれば、「株価はずっと右肩上がりではないか？」と思われるかもしれないが、それは全くの不正解である。過去15年間のチャートを見れば、上昇と下落を激しく繰り返しているのがわかる。安値は2000円台、高値は8000円台とその差は4倍にも達する（図表3）。

最も人気化している時の株価8000円台で買って「バイ・アンド・ホールド」しようものなら大変なことになる。レバレッジをかけた信用取引ならば下落が始まるとすぐに追証がかかり、大きな損失を出して手仕舞わなければならない。現物株で投資したとしても、安値まで保有すれば2007年に買った場合の下落率は実にマイナス75％に達し、2015年に買った場合でもマイナス44％となる。その後再び8000円台まで戻るまで保有したとしても投資期間は長期となり、結局リターンの出ない儲からない銘柄となってしまう。

「じゃあ、昔なら3000円台、今なら6000円台で投資すればいいのでは？」

まことにいい質問である。だが、一般的な個人投資家はこうした安値の頃は相場にほとんど参加していない。大きな含み損を抱えている本人ですら、自分の損失をわざわざ確認したくないため、相場を見ていないのが普通である。

## 局面ごとに投資行動を変える必要

相場全体にしても個別銘柄にしてもそうだが、高度経済成長が終わった後の成熟経済時代には、「バイ・アンド・ホールド」ではなく「バイ・アンド・セル」、あるいは売りから入った場合は「セル・アンド・バイ」という投資行動が必要であることが、わかるだろう。

マーケットは上昇局面、下落局面、あまり動かない局面の3つの局面で構成され、サイクルのように変化しながら動いていく。したがって、それらに応じた投資行動を取らなければ、株式投資で運用資産を長期的に増やしていくのは難しい。

特に個人投資家にとって苦手なのが「下落局面」である。投資した銘柄の含み益がどんどん増えると、それに気を良くして、そのような上昇がずっと続くと思ってしまう。ここに問題があるのだ。

上昇局面には「上昇局面の対応」を、下落局面には「下落局面の対応」をおこないましょう、というのが本書の提案である。

「じゃあ、どうやったらそれがわかるのか？」

ごもっともな質問である。答えは簡単。自分の運用資産が来る日も来る日も目減りしていく状況になれば、自分の保有している銘柄が間違っているか、「売り」と「買い」が逆になっているかのどちらかである。保有銘柄のファンダメンタルズが明らかに悪化しているにもかかわらず保有するのは間違いである。すぐに売却しなければならない。一方、保有銘柄がどれもこれも一様に下落していくのであれば、それは調整局面に入っているか、相場がもはや下落局面へ転換しているかの、どちらかである。

とにかく精神的苦痛が生じている場合、「予期せぬことが起こっていないか?」を十分に疑ってみる必要がある。

## ウォーレン・バフェットのやり方は日本では通用しない

ウォーレン・バフェットは、1930年米国ネブラスカ州オマハ生まれの米国人であり、株式投資において世界で最も成功した男と呼ばれている。彼は25歳の時に投資パートナーシップを設立し、出資金100ドルにて本格的に株式投資を始め、結局は800億ドルを超える個人資産を持つに至ったという、まことに華々しい経歴の持ち主である。そしてその大半を慈善家として寄付している。彼は現在でもバークシャー・ハサウェイ社の最高経営責任者として、この投資会社の運営をおこなっており、現役として活躍している。

「投資の神様〝ウォーレン・バフェット〟の投資手法を身につけよう!」などと、ときどきメディアが紹介することはあるが、私には彼の手法をマネしたところで投資成果が上がるとは思えない。それは、バフェットの手法に問題があるというよりも、米国の株式市場と日本の株式市場の株価形成が全く違うからである。

米国の株式市場は1987年のブラックマンデーや2008年のリーマン・ショックなどの短期的な調整局面を除けば、長期的に一貫して右肩上がりである(図表4)。そして、新型コロナショックが起きるまでは史上最高値を更新し続けていた。こういう市場ではバ

[図表4] 1900年以降のNYダウ株価の推移

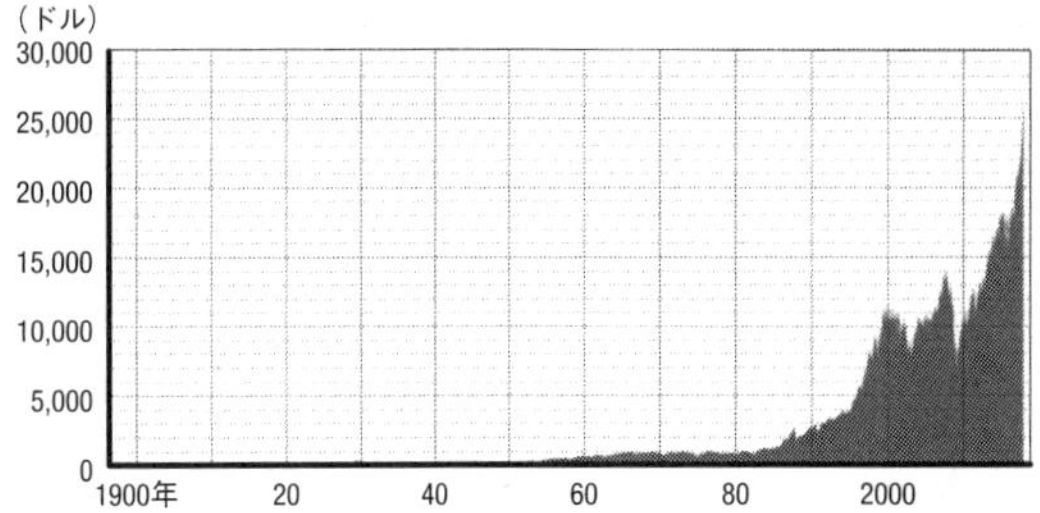


フェット流の「長期的に成長力があり、年々企業価値が高まるものだけを厳選して投資する」「株式市場そのものの動きからは全く離れてしまうことを心がける」というやり方は問題ない。

しかし、日本市場では「株式市場そのものの動きからは全く離れてしまうことを心がける」などとやってしまえば、あまりにもボラティリティ（変動性）が大きいため、リターンが上がらないのだ。含み益などすぐになくなってしまう世界である。

銘柄選択の手法に関してはバフェットに学ぶべきところは多いが、彼のポートフォリオ銘柄にあるような企業が日本にはなかなか存在しないのも難点である。したがって、「ウォーレン・バフェットの話」が出てきた時は、あくまでも参考程度にしておくのがよいと思う。

## とにかく投資家として生き残ることが大事

株式投資を通じて自分の資産を増やしていくことを決意したならば、大きく稼ぐ前に、もっと大事なことがある。それは「生き残ること」だ。

投資家として絶対にやってはいけないことに「レバレッジ取引」がある。本書でも詳しく述べていくが、要するに自分の運用資産金額を超えた取引をしてはいけないということである。

株式の信用取引では最大約3倍のレバレッジを、先物取引では最大約25倍のレバレッジを使うことができる。すなわち自己資金を担保に3倍、25倍の取引ができる。一方、現物株への投資ならば最大のレバレッジは1倍である。すなわち、自己資金以上の取引はできない。明白だ。ところが、信用取引や先物取引ではできる。しかし、このレバレッジを決して使ってはならないのだ。

「小さな元手で大きな取引」というキャッチフレーズに乗ってはいけない。「できるだけ早く自己資産を猛烈に増やしたい」という誘惑に駆られてもいけない。

なぜ、いけないのか？　必ず大失敗するからである。そう、「必ず」だ。

なぜ必ずという言葉を断定的に使うのか、というと、人は「失敗するまで決してやめない」からである。わかりやすい理屈だ。途中までどんなにうまくいっていたとしても、失敗したところで、とてつもない損失が発生することになる。当初は何千万円もの自己資金があったのにすべて吹っ飛ばした、自宅まで処分して一家離散した、という惨めな人生に転落した人々はこれまで数知れずである。

もちろん、信用取引や先物取引そのものが悪いわけではない。むしろ、非常に魅力的な存在である。要するにやり方だ。本書ではその正しい活用法を紹介していく。株式市場で成功する方法は、とにかく長きにわたって相場と付き合うことである。そうすれば必ずやビッグチャンスが訪れる。

無知な個人投資家は必ず大きな損をする。「高値で買って、安値で売る」というお金を失ってしまうだけの投資家にはならないように。まして、自分の全資産を吹っ飛ばすようなダメな投資家には決してならないようにしてほしい。

# 第2章

# 変化した株式市場に入る際に決めておかねばならないこと

# 1 あなたは本当に投資の目的を決めていますか？

**投資の目的を決めずに、投資をおこなってはならない**

これから株式投資をしようとする人は、まずは「投資の目的を決めること」からスタートしよう。なぜなら、ここを曖昧にしていると自分における適切な「運用資産の金額」の決定が甘くなってしまうからである。そして、運用がうまくいかなくなった時に「ヤル気」が失せて、生きる希望すらなくしてしまう……ということも起こりかねないからである。何事も、まずはきちんとした「けじめ」が大事だ。

ところが、長年株式投資をおこなっている人たちに「あなたの投資の目的は何ですか？」と尋ねてみても、明確な答えが返ってくるケースは少ない。「余裕資金なので」とか「資産を増やしたいから」とか、せいぜい「老後のことを考えて」というような回答が多い。

そういう人たちは、おそらく自分がおこなっている投資に対して、いろいろな役割を混在して持たせているために漠然とした回答になるのだと思う。

最初の段階において投資に対する定義づけが曖昧であれば、途中の段階でも曖昧のまま進行し、現在でも曖昧である、という形になってしまう。こうした状況にあると、資産運用そのものも曖昧になってしまうが、これは平均的な個人投資家の姿だろう。

　実は「投資の目的」を決めなければ「投資のスタイル」すら本当は決めることはできないのである。

「ん、投資のスタイルって何？」とすぐさま聞き返されそうだが、投資のスタイルには２つのタイプが存在することをご存じだろうか。期間限定を基本とする「元本一定型」と長期運用による「複利運用型」である。この「元本一定型」および「複利運用型」という概念は世間一般的に広く使われている表現ではない。あくまでも本書におけるネーミングだが、ここではこの呼び名を使っていく。

## 金融資産には３つのタイプがある

　資産運用を始める前の鉄則は、まず、手持ちの金融資産を３つのタイプの資金に整理することだ。３つとは、「生活資金」「安定運用資金」「長期運用資金」の３つである。

「生活資金」は毎月必要な生活費の半年分（35歳くらいまでの若い世代ならば最低３カ月分）を持つことが望ましい。自分の収入環境が激変した場合に備えて、まず手持ちの金融資産の中から、「生活資金」を取り分けて確保しておくことが重要である。そしてこのお金は必ず流動性資金にしておく必要がある。すなわち、タンス預金や普通預金といった、いつでも手元で使える資金である。定期預金は自由に解約できないデメリットがあるため、流動性資金ではない。注意してほしい。

「安定運用資金」とは、将来必要となることがわかっている支出に備えた安全資産、あるいは非常に保守的な運用によって貯蓄的意味合いを持たせる資金である。貯蓄的意味合いとは、毎月あるいはボーナスで入ってくる収入を一緒に積み立てることで、最終的に必要な資金達成を目指すためのものである。

仮に毎年50万円ずつ今後10年間積み立てていくとするならば、現在の安定運用資金が300万円あるとして、10年後には少なくとも確実に800万円になっていなければならない。

一般家庭における二大支出は、子供の教育費、住宅購入資金である。こうした人生のイベントで、どうしても必要になるまとまった資金が「安定運用資金」である（もちろん、教育費の全額、住宅資金の全額達成を目指して積み立てるわけではない。頭金などのメドをつけるために必要な資金である。頭金を支払ってローンに切り替われば、ローンの支払いは「生活資金」に変化する）。通常は、定期預金などの絶対に元本の減ることがない金融商品によって運用することが望ましい。

「長期運用資金」とは、運用期間が少なくとも5年とか10年以上、かつ前述した「生活資金」「安定運用資金」に該当しない余裕資金のことを指す。「老後のことを考えて」というのがまさにこれであり、長期の時間を味方につけて資産をじっくりと増やしていくための資金である。

金融資産を3つのタイプに分けて計算してみよう。

①「生活資金」…………まず半年分（最低3カ月分）の必要資金を算出し、「生活資金」に割り当てる。

②「安定運用資金」……今後の人生のイベントに必要な資金を「安定運用資金」に割り当てる。

③「長期運用資金」……前記の2つに該当しない資金を「長期運用資金」に割り当てる。

ただちにあなたの家計の金融資産を3つのタイプに分類し、それぞれがいくらあるのか把握してほしい。今までこうした明確な分類を考えたことがなかった皆さんには、さまざまな発見があることだろう。

さて、ここで問題が生じる。特に若年層に言えることであるが、手持ちの金融資産が少なければ「生活資金」だけになる、あるいは、「生活資金」とわずかの「安定運用資金」で終わってしまうことだ。だが、「長期運用資金」もないのにいきなり本格的に資産運用を始めてはいけない。このルールを厳守しなければ生活の基盤を築くことはできないと考えて、まずは貯蓄することが大切である。

1カ月20万円の生活資金が必要ならば、まず最低3カ月分の60万円（できれば120万円）を確保することだ。そうしなければ、資産運用の世界に踏み出すことはできない。若い人たちに提唱したいのが、「30歳までに300万円を貯める」ことである。そうすれば、少額ながらも「長期運用資金」を確保しつつ資産運用の世界に参加することができる。

手持ち資金が「生活資金」以上ある場合は、次に「安定運用資金」に必要な資金を割り当てよう。人生のイベントにおいて決められた期限までに必要な資金（頭金など）、そしてこれから積み立てる資金の両方を考慮して、現在において確保しておかねばならない「安定運用資金」を算出してほしい。

「生活資金」および「安定運用資金」に該当しない余裕資金が「長期運用資金」である。理想を言えば最低ラインとして200万円以上はほしいところだ。100万円以下になってしまうと、分散投資に支障をきたすケースが出てくるので、何かと制約が多くなってしまう。

ただし、若い世代ならば100万円でも始めるに越したことはない。時間を味方につければ、毎月、毎年の収入から「長期運用資金」に着実にお金を投入しつつ、いずれ複利によるダイナミックな運用益を享受することができる。もし、1000万円の余裕資金を持つ人であれば、分散投資も柔軟に対応できるレベルとなる。3000万円を超える余裕資金ならばほぼ何でも対応できるようになり、1億円以上になれば非常に優位な立場で資産運用に取り組むことができる。

「1億円！」という運用資金はなかなか想像できないかもしれないが、20年、30年というスパンで着実に取り組めば、決して夢物語ではないと言っておこう。遠い将来であっても目標を忘れずに「ワクワク」しながら取り組んでいると、実現の可能性は高まる。日常に埋もれてしまい、最初に抱いた志をいつの間にやら完全に忘れてしまうと、実現の可能性は皆無になってしまう。

## 「元本一定型」による投資

ここからが重要な話。さっき話した「運用のスタイル」、すなわち資産運用を「元本一定型」で取り組むのか、「複利運用型」で取り組むのかを決めなければならないからだ。

「生活資金」はそもそも運用してはいけない資金なので関係がない。「安定運用資金」も積み立てている分は絶対に減らしてはいけない、という性格を持つものなので、運用といっても、せいぜい定期預金にしておくのが最も無難な路線である。「安定運用資金」を株式投資や商品先物投資、ましてやFX（外国為替証拠金取引）などで運用してはならないのである。

さて、そうすると残りは「長期運用資金」ということになる。

通常、「長期運用資金」は長期でどんどん増やしていくためのものなので「複利運用型」による運用、すなわち、運用を開始すればお金は運用しっぱなしというのが普通なのだが、実はそれをおこなってよい人と、まだおこなわずに「元本一定型」で取り組んだ方がよい人の二手に分かれる。

「元本一定型」に取り組むべき人というのは、実は「安定運用資金」の達成の方が重要であり、まだ長期投資の運用の比重が小さくてもよい年代の人たちである。大雑把に言えば、40歳未満の人たちと言えるだろう。

そういう人たちは、「長期運用資金」の運用によって生まれたリターンを少なくとも半年に一度は計算し、その収益を「安定運用資金」に振り向けるのである。

「元本を一定」にしたまま（長期運用資金に収入から定期的な流入額があれば、元本を半年あるいは1年ごとに見直してその額を更新していけばよい。常に更新された元本を把握しておくことが重要である）、リターンを貯蓄していくことによって「安定運用資金」を早期前倒しで達成へと近づけるのだ。

したがって、「安定運用資金」は一定額の積み立てによる増加分と、「長期運用資金」によってもたらされるリターンによる増加分のダブル・インカムを受け入れながら、成長することになる。

「長期運用資金」といえども最初から「複利運用型」になっているわけではないのである

が、できる限り早期に「複利運用型」に取り組むために「元本一定型」で頑張り続けるというのが、結局は近道となる。

## 「複利運用型」による投資

「安定運用資金」を達成した、あるいは「長期運用資金」だけに純粋に取り組めばよい、という人は「複利運用型」による投資スタイルを取ることになる。

先ほども述べたように、運用資金をずっと運用しっぱなしにするのだが、「複利」の効果はすさまじいことを知らねばならない。仮に1000万円のお金を年率複利で運用すれば以下のようになる。

年率5％ 10年後…1628万円、20年後…2653万円、30年後…4321万円
年率10％ 10年後…2593万円、20年後…6727万円、30年後…1億7449万円
年率15％ 10年後…4045万円、20年後…1億6366万円、30年後…6億6211万円
年率20％ 10年後…6191万円、20年後…3億8337万円、30年後…23億7376万円

これを、「元本一定型」で運用すると以下のようになる（毎年元本から生じたリターンを取り崩して、毎年同じリターンで単利計算）。

年率５％　10年後…１５００万円、20年後…２０００万円、30年後…２５００万円
年率10％　10年後…２０００万円、20年後…３０００万円、30年後…４０００万円
年率15％　10年後…２５００万円、20年後…４０００万円、30年後…５５００万円
年率20％　10年後…３０００万円、20年後…５０００万円、30年後…７０００万円

じっくりと比較してほしい。年率５％や年率10％は、これから本書で述べていく「リスク管理」を徹底した資産運用を用いれば容易に実現可能である。また年率15％および年率20％のレベルも熟達すれば叩き出すことは不可能ではないだろう。

こうしたリターンで10年単位の運用を続ければ破格の資産効果を得ることができることにまず目を向けてほしい。そして、それを実現していくのはあなたの取り組み姿勢にかかっているのである。

## 2　資産運用の基本はアセットアロケーションにあり

### 資金の配分をする「アセットアロケーション」

まずはこういう話から始める。

世間一般に推奨されているアセットアロケーションのほとんどが間違っていることをご存じだろうか？

「えーっ！」という反応が即座に返ってきそうである。しかし、よく考えてほしい。金融資産全額を分散投資し、自分のあまり知らない商品までも買い、現預金を持たないアロケーション。これでは最初から負ける投資家となってしまう可能性が大である。

本節の主題は「長期運用資金」を運用するにあたって（「元本一定型」および「複利運用型」のいずれのスタイルであっても）、その資金の配分をどのように決定するかの枠組みを決めることである。アセット（資金）の中身をアロケーション（配分）するので、金融用語でアセットアロケーションと呼ばれている。必ず覚えてほしい言葉だ。それでは本題に入ろう。

［図表5］　よく見かけるアセットアロケーション

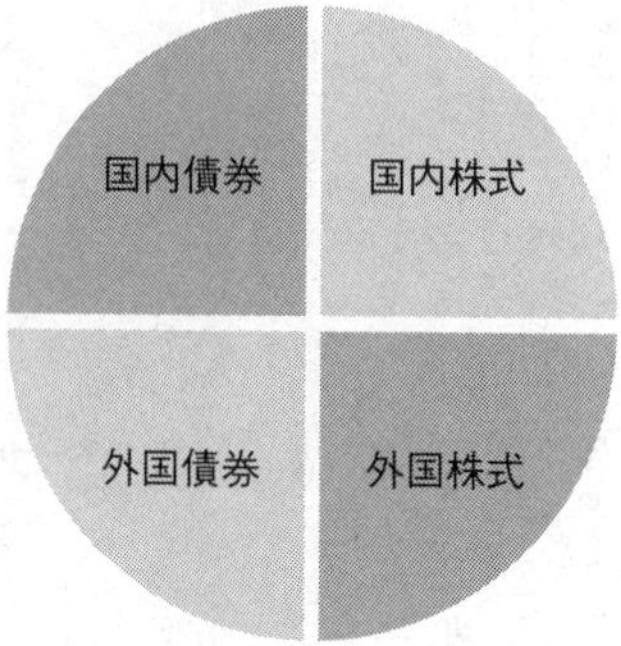


**4等分の円グラフは大間違い！**

こちらの円グラフを見てほしい（図表5）。

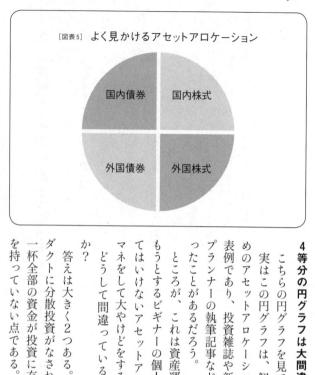

実はこの円グラフは、個人投資家へのおすすめのアセットアロケーションとして示される代表例であり、投資雑誌や新聞、フィナンシャルプランナーの執筆記事などで必ずやお目にかかったことがあるだろう。

ところが、これは資産運用にこれから取り組もうとするビギナーの個人投資家が絶対にやってはいけないアセットアロケーションであり、マネをして大やけどをする人が後を絶たない。

どうして間違っているのか、わかるだろうか？

答えは大きく2つある。第一に、4つのプロダクトに分散投資がなされているとはいえ、目一杯全部の資金が投資に充てられており、現金を持っていない点である。第二に自分の知らないプロダクトにも投資をしている点である。それぞれ詳しく見ていこう。

## 全額を投資するのは間違い

いくら「長期運用資金」といっても、そのすべてをいきなり全額投資するというのは「リスク」の意識が全くない、あるいはまだ意識の希薄な投資家がやってはいけないことである。「リスク管理」に長けてくると、運用資産の大半をリスクアセットにしてしまうということもありうるが、そのような投資家であっても現金比率をゼロにして全額投資に回すなどということは10年、20年、30年単位の長い投資人生の中でも、ほとんどないといってよいだろう。

なぜ、全額を投資してはいけないのか？

答えは明瞭である。全額投資をすると、その途端に運用資産は「時間による分散投資」を放棄してしまうからである。時間的分散投資の考え方については、次節の内容なので詳しくはそちらに譲る。いずれにせよ、分散投資の概念は「プロダクトによる分散」だけが議論されるケースが多く、「時間による分散」が忘れ去られていることが多いのである。

その一番良い教訓が2008年秋のリーマン・ショック後の個人投資家の惨状である。全額を投資して、ポートフォリオが壊滅的にやられたことで絶望感にさいなまれたのは当然のこととして、彼らの恨み節はもう一つあった。それは「これだけ安くなったのに、追加で投資をするお金が手元にない」ということだったのだ。

全額投資してしまうと、イザという大事な時に買い出動する余地が全く残されていない。そして、全額投資をしてその後ずっと保有のままにしておく投資手法（個人投資家に最も多く見られる投資スタイルだが）をやってしまえば、自分が投資をしたタイミングによって「リターン」がすべて決まってしまう、という単一的な結果しか享受できなくなる。

## 自分の知らないものに投資をするのは間違い

金融という世界は心が非常にワクワクさせられる側面を持っており、多分に情緒的に人を引き込んでしまう力があるようだ。

自分の聞いたこともない金融商品、まだその仕組みがわかっていない金融商品であったとしても、「大きなブームになっている」「すごくリターンが高いらしい」「カッコイイ響き」といった雰囲気に誘われて、ついつい大事なお金を何百万円単位（中には何千万円単位という人たちもいる！）でつぎ込んでしまい、損失を抱え始めても、胃がキリキリ痛むのを我慢しながら見ているだけとなってしまうのだ。

そもそも、自分が理解していない金融商品に投資をすること自体が間違っているという投資の鉄則を個人投資家は肝に銘じておく必要がある。その金融商品が持つリスクとリターンの関係、不確実性、どのような状況で良い／悪いリターンをもたらすのか、といった基本的な事柄をきちんとわかった上で投資をおこなうのが筋である。

「外国株式」や「外国債券」にとどまらず、「ソブリンファンド」「BRICsファンド」「VISTAファンド」「REITファンド」「ESGファンド」など、実際に投資をしている人たちがどれくらいこれらの金融商品に対して正しく理解をしているだろうか。

もし彼らにテストをしてみれば、おそらく合格率は30％以下というおぞましい結果になることだろう。でなければ、わざわざブームの高値で投資をして急激に下落に見舞われても保有したまま、という投資スタイルになるはずがない。

あなたが今、投資している金融商品をただちに見直してほしい。よくわかっていないものに投資していないだろうか？

とにかく自分に対して「偽り抜き」で点検することだ。もし、そのような金融商品を保有しているとすれば、次の３つの選択肢から一つを選んで行動しなければならない。

①ただちに、その金融商品を学習する
②最大損失許容度を決めて保有する（現在の価格よりマイナス５％とかマイナス10％という形で明確に決める。その許容ラインを逸脱すればただちに売却する）
③今すぐ売却して現金にするか、他のアセットに乗り換える

## これが初期段階の望ましいアセットアロケーションだ

これから株式投資をおこなおうとするビギナーの個人投資家の方におすすめするアセットアロケーションがこの円グラフである（図表6）。

「何だ、これは！」という声が驚きや笑いを伴って聞こえてきそうだが、私は大真面目である。熟達した投資家がもしこれを見れば「よくぞ言ってくれました」と大いに賛同してもらえることだろう、と思う。

このポートフォリオは、「リスク管理」の概念が全くわかっておらず、自分が投資している金融商品を理解していない、という未熟な投資家にも安心しておすすめできる投資スタイルである。

10％と表示されている部分がリスクアセットで現金が90％というポートフォリオであるが、リスクアセットの部分はもちろん分散投資をおこなう。なるべく話をシンプルな事例にするために、冒頭で紹介した4等分の円グラフを思い出してほしい。すなわち、リスクアセット10％を2・5％ずつ4等分にして国内株式、外国株式、国内債券、外国債券に投資するのだ。

まだそれぞれの金融商品に対する理解度が、ほとんどなくても大丈夫である。個別銘柄に投資をしようが、投資信託を買おうがかまわない。とにかく、それぞれのカテゴリーに合致した金融商品を均等に買って「長期運用資金」の10％をリスクアセットに分散投資し

［図表6］ビギナーおすすめのアセットアロケーション

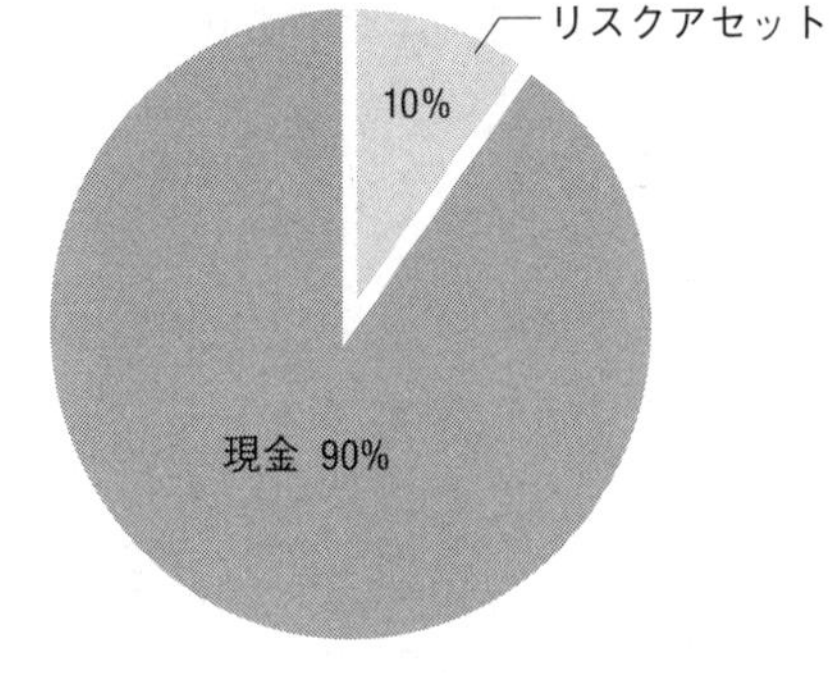


てみるのだ。

ここで「なぜ10％か？」という大事なポイントがある。それは、明日リーマン・ショックのような大暴落がきて、一瞬にしてリスクアセットが半値になったとしても悪影響を受けないようにするためである。本書では「リスク管理」の最重要項目として「マイナス5％ルール」の提唱をおこなっていくことになる（後に説明する）が、10％のリスクアセットが仮に半値になっても、ポートフォリオ全体の資産のロスは5％にとどまるからである。だから、「リスク管理」の知識が全くなくても、誰もが許容される運用スタイルなのである。

さて、この状況から、実際に投資をしている金融商品について3カ月、6カ月、あるいは1年という時間をかけてじっくりと研究していく。早い人なら3カ月、普通は6カ月、遅くとも1年でというのが学習の目安となる期限である。リスクとリターンの関係、過去のパフォーマンス、不確実性、どんな局面で良い/悪いパフォーマンスになるのか、という点をクリアにしていく。自分が学ぶ過程で、得意・不得意の分野が当然認識されることだろう。

資産運用は必ず自分の得意分野の金融商品で戦わねばならない。得意分野を前面に押し出しながら「リスク管理」ができるのが最も自分を優位な立場におくことになる。したがって、あるべき自分の姿が輪郭を伴って浮かび上がってくることを心がけながら、地道に学習をおこなっていくのが大事だ。

## 「リスク管理」をも考慮したポートフォリオの姿とは

先ほど提示した「リスクアセット10%、現金90%」のポートフォリオは、各投資家の嗜好、志向、思考によって時間の経過とともに各人各様に千差万別のスタイルに変化していくだろう。

「これが絶対」というポートフォリオを決定して、全員でマネした方がよいポートフォリオなどこの世に存在しない。マーケットは絶えず変化し、それぞれのリスクアセットに対する理解度およびその理解力や「リスク管理力」からもたらされる対処法によってパフォーマンスが決まってくるからである。ハイリスク・ハイリターンの投資家とローリスク・

［図表7］国内株式50%のポートフォリオ

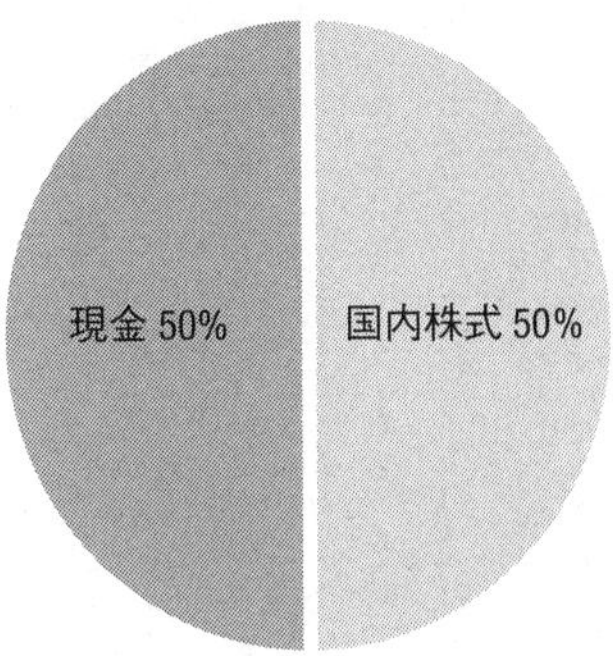


ローリターンの投資家を比較して、一概にどちらが有利、不利を決めることはできない。「うまく対処できる力」があった、なかったによって決まることの方が多いのだ。

ここで、2つのポートフォリオを紹介しよう。

まず、こちらの円グラフは「国内株式50%、現金50%」という、リスクアセットがたった一つのポートフォリオである（図表7）。非常にシンプルである。

株式はあらゆるリスクアセットの中で最もリスクの高い金融商品であり、ここでは国内株式に限定しているのがミソなのだが、これを個別銘柄か投資信託のどちらで投資をするかで「リスク管理」の難易度が異なってくる。なぜならば、インターネット証券を通じた売買では今や個別銘柄のリスクコントロールが非常に容易になったのに対して、投資信託ではそうはいかないからである。

個別銘柄では「逆指値」という注文方法によって自分が決めた価格まで株価が下落するとその時点で自動的に売却できるというロスカットルールが使えるのだが、投資信託では「逆指値」が使えず、毎日基準価格をチェックして自分で売り注文を出さねばならないからである。

パッシブ型の投資信託（非常に多くの銘柄を組み入れて株式市場全体を再現したもの）を買うのならば、「日経２２５連動型」や「ＴＯＰＩＸ連動型」の上場投資信託（ＥＴＦと呼ばれる）に投資をした方がリスクコントロールは容易となる。

個別銘柄あるいは投資信託のいずれにしても、50％を国内株式に投資しているため、先ほどの「マイナス５％ルール」を遵守するためには、投資金額の最大下落許容度は「マイナス10％」となる。これ以上は受け入れてはならない損失額である。

次の円グラフのポートフォリオは、かなり積極的だ（図表８）。国内株式、外国株式、外国債券にそれぞれ25％ずつ合計75％投資し、残りの25％が現金となっている。

外国物になればなるほど「逆指値」という機能が使えなくなるため、自分で毎日価格をチェックしながら「リスク管理」をしなければならない。買いっぱなしではダメなのだ。

そして、「マイナス５％ルール」を守るためには、どうしたらよいだろうか。

それぞれのプロダクトの損失を均等に考えた場合の投資金額の最大下落許容度は「マイ

［図表8］　かなり積極的なポートフォリオ

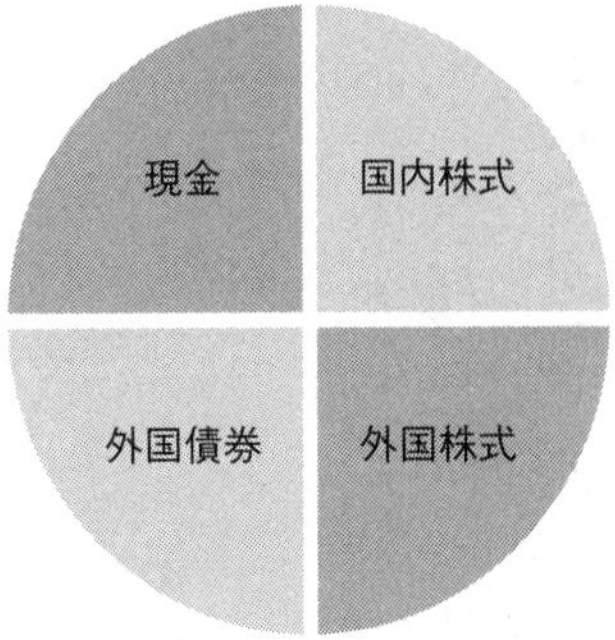


ナス6・66％」と先ほどの「マイナス10％」よりも厳しくなる。当たり前だ。リスクアセットのウエートが増えたからである。

ところで、「株式」と「債券」とでは価格の変動率が異なり、債券の方がローリスク・ローリターンである。したがって、株式と同等の損失許容度よりも小さく設定することができる。例えば、このポートフォリオにおいて外国債券のロスカットポイントを「マイナス4％」にすれば、国内株式と外国株式のロスカットポイントは「マイナス8％」のレベルまで許容でき、トータルで「マイナス5％ルール」を遵守することができる。

こうした考え方が、ポートフォリオの構成に見合った「リスク管理」であり、自分のポートフォリオ設計を考えるための最も重要なフレームとなる。

では、最後に質問をしてみよう。冒頭の現金を持たないリスクアセット100％のポートフォリオが「マイナス5％ルール」を遵守するための最大下落許容度はいくらだろうか？

簡単にわかるはずだ。そう、たったの「マイナス5％」である。こんなに厳しい条件で運用しなければならないにもかかわらず、「リスク管理」を全くおこなわずにマーケットの暴落によってポートフォリオの資産が一瞬にして半分になる個人投資家たちが、どんなに愚かしいことか理解できるだろう。

## 3 時間的分散投資が重要——長期投資に必要不可欠なフレーム

**時間的分散投資に入る前にもう一度確認**

分散投資の基本中の基本である「アセットアロケーション」について前述し、世間一般に推奨されているほとんどが間違っていることを指摘して、正しいアセットアロケーションをおこなうための重要なポイントを挙げた。

もし、あなたがこれから資産運用に取り組むとすれば、①ビギナー投資家は現金90％、リスクアセット10％のポートフォリオから始める。そして、②自分の理解していない金融商品に投資してはならず、投資する前に学習をすることが大事である、ことを述べた。

これがスタート時の心得であり、ポートフォリオ運用を始めてからは、③ポートフォリオの全額をリスクアセットに投資（時間的分散投資の放棄）してはならない、④ポートフォリオの損失額を「マイナス５％」以内に抑えるように「リスク管理」を徹底する、⑤「逆指値」の指せない金融商品は自分で価格をチェックして自己管理をすることが必要、という3点を絶対に遵守しなければならない。

以上5つのポイントを徹底的に実行すれば、少なくとも大きな損失と無縁の投資家になれる。資産運用にあたって、最も大事なのは不用意な損失を被らない堅固な投資ルールに則って、着実にリターンを上げていく仕組みを持つことである。

ただし、ここからがさらに大事な話で、分散投資はアセットアロケーションをやれば十分というわけではない。時間による分散投資が非常に大事となってくる。個人投資家向けに販売されている投資信託などのファンドはそのほとんどがフルインベストメント型であり、時間的分散投資がおこなわれていない。運用資産の中でそれを管理するのは自分しかいない。それでは、時間的分散投資について考えてみよう。

## 時間的分散投資とは

マーケットは常に上下している。その姿はまるで大海のようだ。海は常に変化している。凪の時はピタリと動きが止まり、海面がまるで鏡のようになめらかな状態になることもあるが、それは非常に稀であり、波は常に上下している。そして、非常時になると猛烈に荒れ狂い、とてつもなく大きな波となって、あらゆるものを飲み込んでいく――。

わずか1日においても波は上下しており、1カ月、3カ月、6カ月、1年、3年、10年という期間で見ても大海は大波小波を連綿と生み出していく。この現象は容易に理解できるだろう。図表9は日経平均株価の過去20年間（2020年6月24日まで）の推移を表したものである。

波が大きく上下する、すなわち大きな上昇と下落を描けば、その過程で「買われすぎ」「売られすぎ」の局面が出てくる。そうした時に実は投資のチャンスも膨らんだり、しぼんだりするのであるが、大半の個人投資家の行動は本来あるべき姿と逆行している。

投資においてあるべき姿とは、「安値で買い、高値で売る」あるいは「高値で売り、安値で買い戻す」である。この2つしかリターンを得る方法はありえない。しかしながら、多くの個人投資家は「高値で買い、安値で売る」あるいは「安値で売り、高値で買い戻す」という投資行動を取りがちなのだ。しかも、「高値で買う」時には一気に手持ちの現金を全額リスクアセットへ投資する行動になってしまいがちである。

［図表9］　過去20年間の日経平均株価の推移

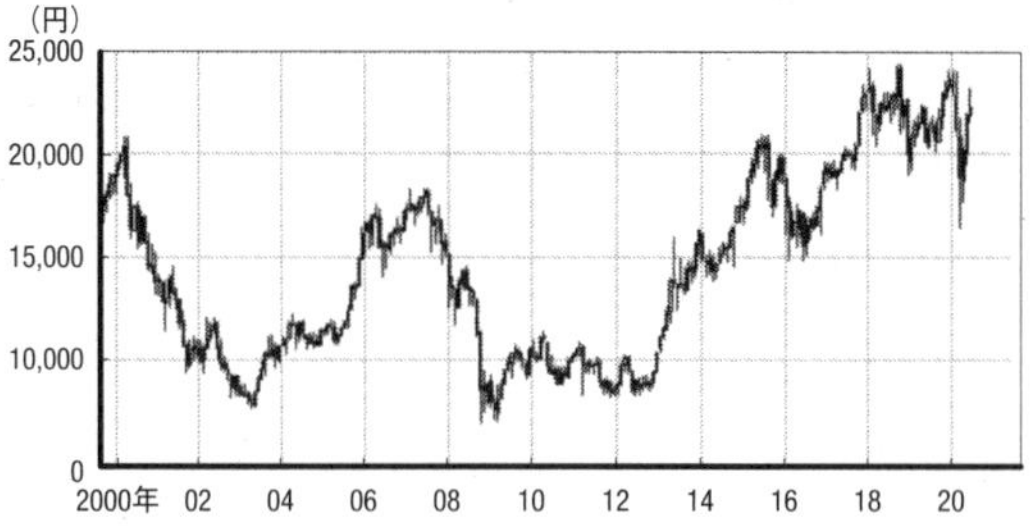


さて、それでは具体的に3つのパターンを使って説明していくことにしよう。非常にシンプルな株価変動で解説するが（実は、先ほどの日経平均株価の過去20年間のチャートに酷似している）、投資スタイルが異なる3人の投資家では、こんなにもリターンに違いがあることを見てほしい。

まず、パターン1（図表10）は絶対になってほしくない「最悪の投資家」である。相場の一番ピークで「熱病に浮かされたように」発作的に投資をしたのが仇となり、「リスク管理」を全くおこなっていないために、含み損がどんどん拡大して、相場のどん底で多くの投資家がパニックで投げ売りする状況で、とうとう耐え切れなくなって売却してしまったケース。

損切りルールがないことに加えて、高値で全額投資、安値で全額売却していることに注目し

［図表10］ パターン1

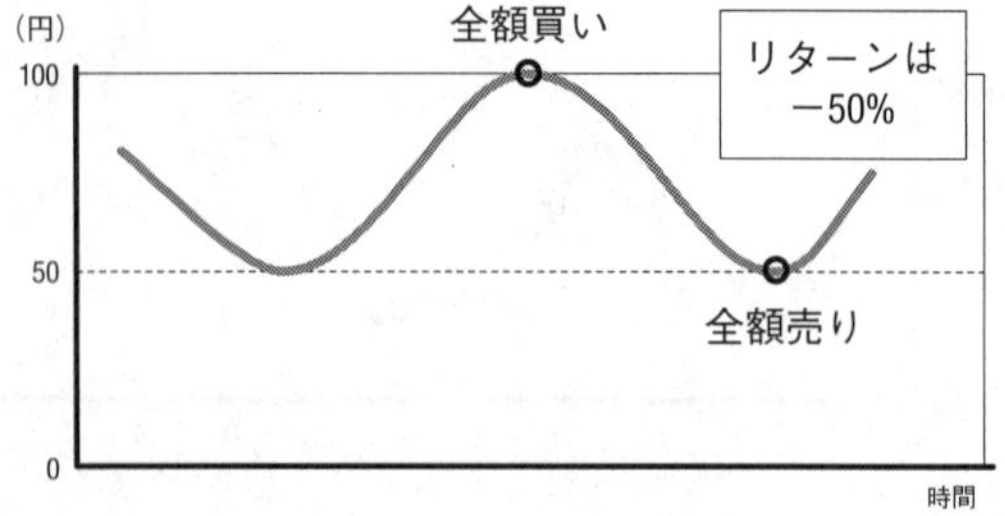


てほしい。典型的な例では、インターネットバブル時代のピークと崩壊後のボトムにおいて、光通信に投資をしてこのようになった人たちが大勢いた（光通信の株価はピークからボトムまで、実に99％も下がったのだ！）。

また、２００７年、08年に退職を迎えた団塊世代の人たちも、日経平均が1万８０００円のレベルで全額投資をし、その後７０００円あたりの陰の極で売却した人たちが続出し、退職金が半分以下になったという話は枚挙に暇がない。

パターン２（図表11）は、大多数の投資家が当てはまる。相場の活況時になって、ようやくその現象に気づき、これまで上昇に自分が乗れなかったことを後悔して（「もし1年前に投資をしていれば、資産は2倍になったのに！」などという「たら」「れば」の計算を必ずする）、

［図表11］ パターン２

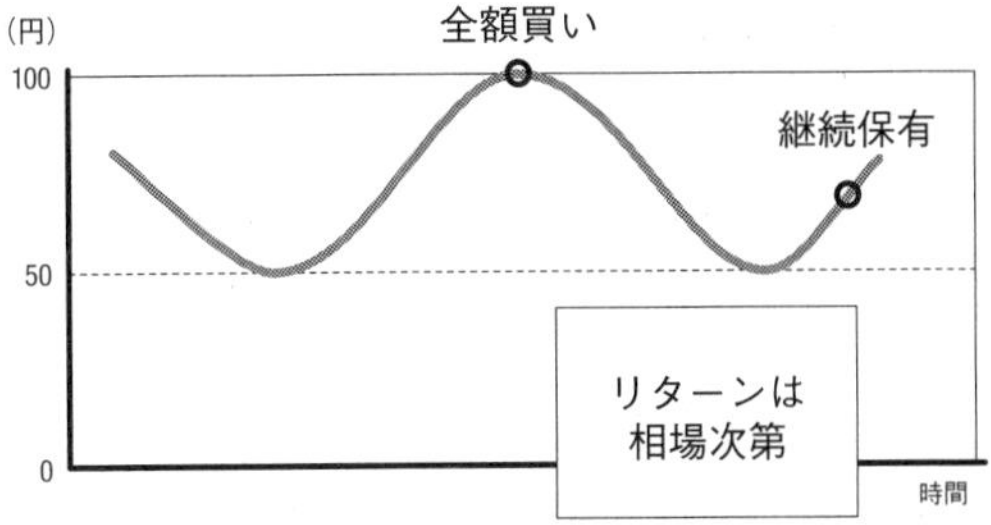


一気に稼ごうとしてピーク時に全額を投資してしまう。そしてパターン１の投資家と同じように「リスク管理」が全くないために、含み損を拡大させていく。

ただし、絶対に損を出したくないためにとことん保有する点が異なる。ボトムから相場が回復し始めると「ホッとする」が、買値に戻るまでは待ち続けようとする。これではリターンは「相場次第」になってしまう。すなわち、投資戦略の全くない投資家である。

これらに対し、パターン３（図表12）の投資家は全く行動が異なる。常に安値から脱却した後の位置で投資ウエートを引き上げ（「買い35%→70%」はリスクアセットを35%から70%に増やしたことを意味する）、高値から安値に転じると投資ウエートを引き下げている。

これらの投資行動は「逆指値ルール」の実行

［図表12］　パターン3

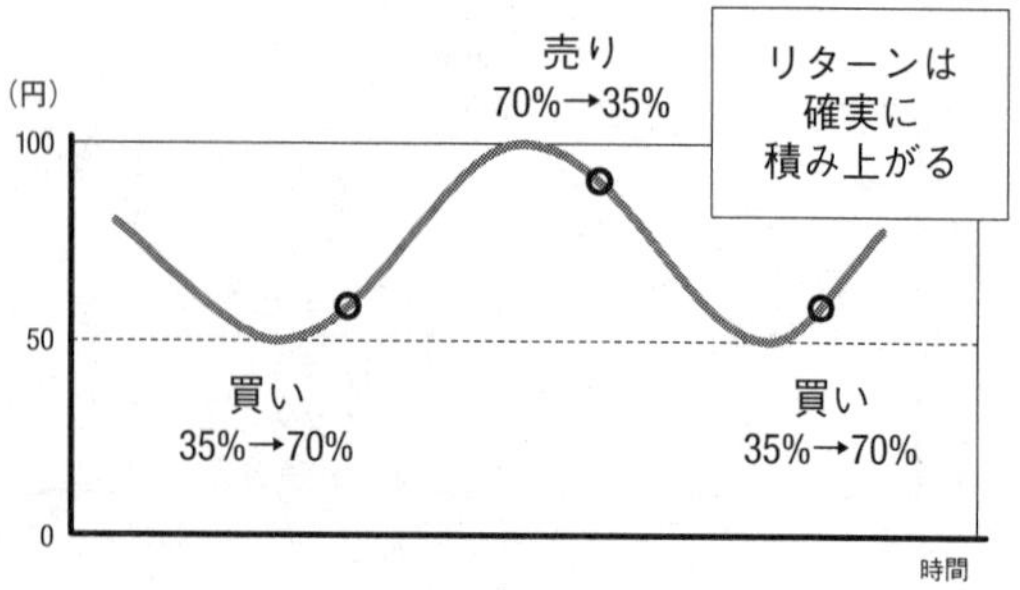


で可能となる（詳しくは後ほど説明する）。これを繰り返すことによって、相場のサイクルごとにリターンを積み上げるスタイルとなっている。100％投資することなく、必ずキャッシュを手元に残している。

「万が一の下落による痛手を被らない」ことと「投資チャンスが出てきた時に、機動的に資金を投入できる」という2つのメリットがあることを理解しているためである。

**含み益は「幻」、含み損は「現実」**

自分が投資をした簿価に対して現在の時価が上回っている場合は「含み益」、逆に下回っている場合は「含み損」の状況にあるというのはご存じだと思うが、「含み益」「含み損」に対して正しく理解している投資家はほとんどいない。ここできちんと整理してみよう。

「含み益」……実現しない限り「幻」であり利益ではない。「含み益」は捕らぬ狸の皮算用。

「含み損」……抱えてはいけないもの。「含み損」は幻ではなく冷酷な現実である。

「含み」という言葉がついているが、「益」と「損」の2者の性格は大いに異なる。それぞれが持っている性格は決して対称形ではなく、非対称になっている点に注目してほしい。

大多数の個人投資家は「含み益」「含み損」に対して、ただ眺めているだけの投資行動をとっている。すなわち長期で投資していれば現在の「含み益」はどんどん増えるという錯覚、その反対に、長期で投資していれば現在の「含み損」はいずれなくなるという錯覚に支配され、正しい対処を全くしない。いや正確に言えば、最初から対処の仕方を知らないのである。

投資は、時間を味方につければ単純に資産が増えていく、といったものではない（本節冒頭の過去20年間の日経平均の動きでも、大きく上昇する局面がある一方で、大きく下落する局面が存在する）。長期の時間は資産運用において大いなる武器であるが、必ずや「儲かっている時の反動＝すなわち割高の是正＝すなわち含み益の縮小」が起こってしまう。投資したものは、必ずどこかで「収穫」しなければならないのだ。多くの人たちはそのことに気づいていない。

種をまいて、収穫するという当たり前のことができなくなると「時間的分散投資」ができなくなってしまう。逆に「種まき、収穫」の習慣が身につけば、それは「時間的分散投資」となり、割高な局面でリスクアセットへの投資額を減らし、割安な局面でリスクアセットへの投資を増やす弾力性のある投資スタイルになる。

先ほどのパターン3の投資家が、自分なりのルールで時間的分散投資をおこなっている好例である（安値圏での「買い35％→70％」、高値圏での「売り70％→35％」は一例であって、もちろん皆さんがこの数字にこだわる必要はない）。

ところが、一般の個人投資家は割高な局面でドンと投資して現金を使い切り、下落局面で「含み損」を急拡大させ、ついに耐え切れなくなったどん底で売却して運用資産を大きく減らす。そして相場が上昇に転じても、その恩恵にあずかることができずに指をくわえているだけである。

ご丁寧にも下落の局面にだけ付き合ってしまい、二度とマーケットに戻って来ることはない……。「わざわざ損をするために投資をする人たち」と名付けておこう。「相場が下がって冷や汗（失う恐怖）、上がって冷や汗（取り戻せない辛さ）」のダブルパンチでは何のための資産運用か、ということになる。

## 「損失」はお金の損失と時間の損失

失ったものは実はお金だけではない。時間という二度と取り返せないものまで失っている。

2008年のリーマン・ショックの後、株式投資をしていた人々は例外なく投資資産が半分になってしまった。日経平均株価も1982年のレベルにまで下がった。

ということは、26年間積み上げたものが失われたことになる。損失は50%だが、同時に26年間も時間を失ったことになるのだ。過去の時間を失ったと同時に、手元に投資するための追加資金がなければ、投資戦略もなくなり、これから取り返すための時間が膨大になる。過去の時間は浪費され、将来の時間も消耗される。しかも、本当に取り返せるかどうかも実はわからない……。実に恐ろしいことが現実となる。

先ほどのパターン2の投資家が高値で投資をし、そのまま継続保有をして幸運にも3年後に「含み損」がなくなった場合、損失を拡大させた過去の時間とそこから損失を取り戻した将来の時間を合わせるとトータルで3年間が失われたことになる。一方、パターン3の投資家は過去の時間においてリターンを獲得し、また割安なところから再度エントリーしているため将来の時間においてもリターンを獲得していることになる。

時間を空費せずにリターンを稼いでいるのはなぜか？

それは「含み損」への対策を実行しつつ、「含み益」を「実現益」に変える行動を取っているためである。

投資の経験のある人なら容易に理解できると思うが、「含み益」というのはそのまま放置しておくとあっという間になくなってしまうものである。せっかく一時は大きなリターンを稼いだとしても（含み益のままだと本当は稼いだとは言えないのだが）、しぼんでしまえば、「利益を得られず」「時間を空費した」だけになる。したがって、「含み益」を「実現益」にすることは「利益の獲得」と同時に「時間の獲得」をおこなっていることになる。

## 4　リスク管理こそ生命線
## ――個人投資家に最も欠けている「投資ルール」を作ろう

**最も重要な「投資ルール」作り**

個人投資家の大半が、自分の資産運用において「投資ルール」を決めていない。マイナス20％やマイナス30％、ひどい場合はマイナス50％以上という信じられない大きな損失を抱えてしまい、身動きが取れない状況に陥る最大の要因は、実は「投資ルール」がないことだ。

「投資ルール」の最も重要な側面は「リスク管理」をきちんとおこなうことである。そして、もう一つの側面ができる限り「リターンを積み上げる」ことである。この2つの要素をきちんとした枠組みで構築するのが「投資ルール」である。

大きな損失を抱えて初めてわかる「しまった！」という取り返しのつかない後悔、そしてあきらめムードで「長期投資だから」という泣き言を言いつつ塩漬けが回復するのを、ただ指をくわえて待つ投資家からは決別することにしよう。

「投資ルール」作りは、どんな投資家にも必ず必要であり、資産運用における長い時間軸の中で、パフォーマンスの向上に確実に役立ってくれるものである。リスクアセットの世界では短期的、長期的のいずれにおいてもマーケットが「常識を超える動き」を見せることが頻繁に起こる。

ネガティブな突発局面で予想を超える損失を被らない最も重要な「リスク管理」、ポジティブな過熱局面で「含み益」を取りこぼさない「利益確定」をきちんとおこなうためには、マーケットと一緒にプカプカ浮き沈みしていたのでは成功はおぼつかない。

自分で決めた「投資ルール」に則って、マーケットから資産運用に都合のいい部分だけを切り取り出すための枠組みを持つために、重要な6つのポイントを述べてみよう。

## 1 インターネット証券を使って売買をする

最初に肝心カナメの大事なポイントがある。それは、株式投資をおこなう個人投資家は必ずインターネット証券に口座を開き、そこで売買するということである。対面式で証券会社と付き合い、注文を電話でおこなうというのは絶対にやってはならない。なぜならば、対面方式での取引では、全く「リスク管理」ができないからである。

最初から「リスク管理」を自分でおこなわない（おこなえない）のは、それだけでリターンとは無縁の投資家になることを決めたも同然である。損失とはすぐに友人になれる。

常識で考えれば、そんな状況を自ら進んで選択する人間などいないはずであるが、投資歴が長くおおむね60歳以上の個人投資家はこのような証券会社との付き合い方が長年の習慣になっているため、無条件に同じやり方を踏襲している。それではダメなのだ。

とにかく、「リスク管理」が自分でおこなえない投資環境をきっぱりと捨てて、インターネット証券による取引に切り替えねばならない。

## 2 「マイナス5%ルール」を実行する

「5%ルール」（大量保有報告の届け出ルール）ではなく「マイナス5%ルール」である。運用資産が月間マイナス5%を超える損失を受け入れてはいけない。第一の鉄則がこれであり、「リスク管理」のための肝心カナメのルールである。非常に厳しい約束事であるが、私は長年の経験からこのルールを個人投資家は絶対に遵守すべきであると考えている。

資産運用は通常、アセットアロケーションがなされて株式、債券、投資信託などの形で分散投資されるが、ここで言うマイナス５％はすべての資産を合算した総資産ベースでのリターンを指す。資産ごとにロスカットポイントを明確に決め、突発的なリスクが発生しても最終的にトータルでマイナス５％以内の損失に抑えるようにしなければならない。

もし、あなたの現在の運用資産の累積リターンがマイナス20％を超えるような状況になっているとすれば、それは全くもってリスク管理ができていないと悟るべきである。ぞっとするような含み損の銘柄を抱えているはずだ。

累積リターンがマイナス50％以上の損失をやってしまえば、新たに投資できる追加資金がない限りは、塩漬けが回復するのを待つしかない。すなわち投資戦略が消滅する。もはや自分の含み損を見るのも嫌だろう。最悪の投資家である。

仮に月間で最大５％の損失が発生したとしても慌てることはない。逆指値のヒットによってリスクアセットから解放され、否応なく冷静にさせられる。とりあえず、立ち止まって周りの景色を見ることだ。

月間の損益がマイナス５％に達すれば、その月に再度投資をすることはおすすめしない。マイナス５％というのは数字上わずかに思えるかもしれないが、トレンドが変化していることが多く、その見極めをするためにもマーケットから離れてみることが重要である。

「マイナス５％ルール」を遵守するためには、どうすればよいか。簡単である。仮に現在、運用資産の50％を株式投資しているならば「マイナス5％」に達するのは、株式投資部分がマイナス10％になってしまうことである。そうすると5銘柄、あるいは10銘柄で分散投資しているとすれば、それぞれの銘柄のロスカットが「マイナス10％」ということになる。株式投資のウエートが増えれば増えるほど、個別銘柄のロスカット水準の要求が厳しくなることがわかるだろう。全額株式投資をすれば、各銘柄のロスカットはわずかマイナス5％となり、それだけリスクを取っていることになる。前にも述べたとおりだ。

## 「マイナス5％のルール」の実例

ここでは話を非常に単純にすることにしよう。運用資産1000万円で株式投資のみをおこなう投資家を想定してみる。1000万円はあくまでも仮の話。自分の運用資産に置き換えて読んでほしい。

①全額を投資……1銘柄
全額を1銘柄に投資している場合、投資簿価のマイナス5％の価格で「逆指値」を入れておく。「逆指値」をした場合、必ず「逆指値」ポイントで「成行」注文にしておくことである（「成行」とはマーケットの価格で売ること）。

ここで「指値」をおこなうと、結局「逆指値」ポイントで売れない事態が発生することがありルールに反してしまう。ゆっくりした下落スピードならばマイナス5%で売却できるが、下方修正などで売りが殺到すればマイナス5%を大きく下回る水準でしか売却できないことが起こるが、それは受け入れなければならない。

また、流動性の小さい銘柄は「成行」注文において、とんでもない安値で売却をする事態が発生してしまい不向きである。したがって、1銘柄で全額投資というのはリスクが高いことがわかるだろう。個人投資家がやってはいけない投資である。

②全額を投資……5銘柄

全額を5銘柄に投資している場合も、それぞれにおいて投資簿価のマイナス5%の価格で「逆指値」を入れる。相場全体が下がったとしても、個別銘柄全部が一緒になって下がる可能性は低くなり、マイナス5%にヒットする確率を減らすことができる。ということは、全額を10銘柄にそれぞれ100万円ずつ均等投資すると、さらに「逆指値」にヒットする確率を減らせることになる。

③半額を投資……1銘柄

投資金額をポートフォリオの半額の500万円にすると、投資しているリスクアセットに対してリスクの許容度が上がる。仮に1銘柄に集中投資しているとしても、運用資産がマイナス5％の基準に達するのには、この銘柄が10％下落した時である。したがって、「逆指値」を投資簿価のマイナス10％の価格でセットすればＯＫである。

④半額を投資……5銘柄

投資金額を半額の500万円にして5銘柄に投資している場合、同じように各銘柄の「逆指値」ポイントはマイナス10％で設定する。1銘柄だけに投資しているのに比べ、すべての銘柄がマイナス10％にヒットする確率は激減する。10銘柄ではさらにリスク分散が可能となる。

⑤○○の金額を投資……○○銘柄

①〜④のルールを応用すれば、運用資産の○○％を投資した場合の、逆指値ポイントが自分で計算できるだろう。投資金額にもよるが、分散銘柄数は最低5社くらいが望ましい。

銘柄を絞れば絞るほど当たった時のリターンも大きくなるが、いくら自分に自信があったとしても、常に当たるとは限らない。そういう「アテが外れる」ことへの「リスク管理」をあらかじめおこなうことが重要である。

### 3　逆指値による「リスク管理」と「利益確定」

すでに「マイナス5%ルール」のところで逆指値の話が出たが、第二の鉄則が逆指値である。逆指値とは、株価が売買注文時から「指定の価格まで下落したら売り」「指定の価格まで上昇したら買い」とする注文形態で、通常の指値注文と反対であるため「逆指値」注文と呼ばれる。なぜ、逆指値注文を出すのかには、以下の2つの理由がある。

①相場から離れる

いったん「逆指値」によるロスカットポイントの設定や利益確定ポイントの設定をおこなってしまうと、投資家の次になすべき行動が規定される。したがって、いちいち相場を見る必要がなくなり、自分の時間を有効活用することができる。

株価のチェックは1日1回、一番自由時間のある夜などにおこなえばよい。これはあらかじめ決めたルールに従った行動となるため、リアルタイムで株価の変動を見て慌てて間違った行動を取ってしまうことから自分を守ることができる。

②冷静な損失確定ができる

自分の投資簿価より株価が下がってしまい、わざわざそのような状態で損失確定のための売り注文を出す、というのは普通の人間にはできない行動である。株価が下がっていくのを見ながら「わざわざ損を出す」という行動は、人間の行動心理に矛盾する。しかし、株式市場は自分の思いどおりに動くとは限らない。業績絶好調の株でも相場環境がちょっとでも悪化すれば下落するのである。

大きく下落している状況を目の当たりにすれば、思考停止に陥って何もできなくなってしまうだろう。そうした時に、自分が受け入れられる「損失許容額」を超えてしまわないように「リスク管理」する必要があるわけだ。「逆指値」によるロスカットポイントを決めてしまえば、自分ができない行動を自動的に実行してくれる。その意味において、非常に重要な機能だといえる。

そして、逆指値には「リスク管理」と「利益確定」の2つの側面がある。

①「リスク管理」の側面……投資し終わったら、必ず逆指値による反対注文を出す

自動車を運転する時にまずシートベルトを締めるように、何かの銘柄に投資して運転を始める時にはシートベルトをしなければならない。それが逆指値注文である。投資をして投資簿価が決まった瞬間に、ただちに逆指値注文を出すのが鉄則である。

投資した簿価に対して何%の損失位置で逆指値を入れるのかは、各人のリスクの取り方によって変わってくるが、私としては「マイナス10%」を一つの目安として提示したい。

［図表13］　損失確定逆指値の例

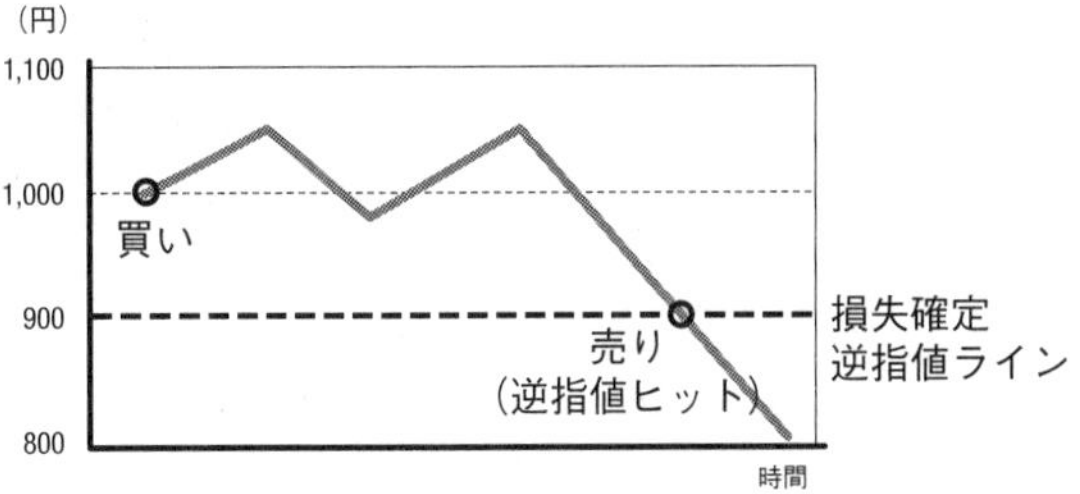


10％の損失では少なすぎる、と感じられるかもしれないが、実はこれはかなり甘いレベルの損失許容度である。

熟達してくれれば、もっと損失レベルの許容度を厳しくする方が大事だとわかってくると思うが、とにかく「マイナス10％」以上の損失を許容しないでほしい。図表13は、「マイナス10％」で損失確定をした例である。

②「利益確定の側面」……含み益が出れば逆指値ポイントを変化させる

最初に簿価に対してマイナス10％というリスク許容度を決定したら、そのままに放っておいてはいけない。すなわち、含み益が出始めると、逆指値ポイントを有利な方向にどんどん変化させることである。

仮に含み益がプラス10％となった段階で、逆

［図表14］ 利益確定逆指値の例

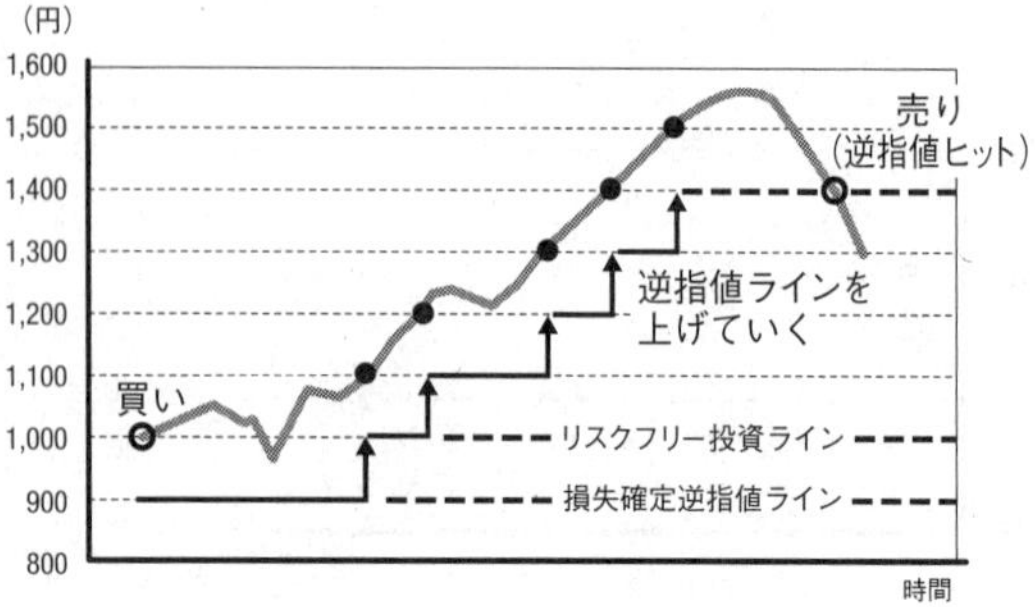


指値ポイントをマイナス10％から0％に引き上げれば、リスクフリーで投資をしていることになり、もはや損をすることはない。

プラス20％になれば逆指値をプラス10％に引き上げる、という形で含み益をできるだけ有利な位置で確定させるために逆指値ポイントを見直さねばならない。

含み益はあくまでも含み益であって、利益確定するまでは「幻」である。自分の投資している銘柄においても、同じ手法を導入してほしい。図表14は100円ずつ逆指値ポイントを上げて、1400円で利益確定の逆指値にヒットした例である。

注意点としては、あまりにも厳しい逆指値を設定すると、わずかの株価調整ですぐに跳ね飛ばされて、より大きな利益を逃すことだ。銘柄ごとのボラティリティを考慮しながら、逆指値ポイントの見直しをおこない、いつも自分を有利な状況に置くことが重要である。

なお、利益確定においても時間的分散投資の考え方を応用することができる。１００株単位の銘柄を１００株だけ投資している場合、投資単位は最小の１つなので今述べたように１４００円で１００株を売却する方法しか使えないが、もし複数単位、例えば１０００株の投資であれば10単位を保有しているため、逆指値ラインの引き上げとともに何回かに分けて売却することも可能である。こまめに利益確定しながら時価ベースで当初の投資金額を保ちながら売却していけば、株価が2倍になって半分の株数を売却した時点でかなりの投資元本を回収、というような極めて有利な投資スタンスを築くこともできる。このあたりのことは第４章8の「利益確定を戦略的に実行する」でも詳しく述べたのでぜひ参照していただきたい。

## 4　新興銘柄の場合は工夫しよう

逆指値による「リスク管理」と「利益確定」について述べたが、これらはさほど値動きが激しくない銘柄における一般論としての考え方である。

中小型株、とりわけ値動きの激しい東証マザーズのような新興市場の銘柄であれば、このやり方は通用しない。「マイナス10％ルール」の設定でリスク管理をすれば、投資したその日のうちに損失確定逆指値にヒットして跳ね飛ばされるような事態が生じることがある。こんな時はどうすればいいのだろうか？

その答えはアセットアロケーションにある。すなわち、通常の銘柄への投資額の半分にすれば、逆指値は2倍の「マイナス20％」の適用が可能である。そもそも値動きの激しい銘柄に大型株と同じように同額を投資すれば2倍のリスクを背負うことになる。そうした事態を避けるために半額での投資をおこなえば、リスク量は半分に抑えつつ期待リターンは通常通りの設定にすることができる。もし、もっと値動きが激しい銘柄にトライする場合であれば、投資額を3分の1に設定して「マイナス30％」というルールを適用すればよい。

利益確定においても通常よりも緩めの利益確定逆指値を置けば、少しの株価下落で売却することはない。銘柄ごとにボラティリティを考慮しながら、逆指値ポイントの設定を柔軟におこなっていただきたい。

## 5　損小利大のフレームを作る

「逆指値」注文の習慣がつけば、損失を小さく抑え、利益を大きく伸ばす投資ルールの枠組みを手中にしたも同然である。

野球のチームはいくら打率が良くても、防御率が悪ければ強いチームにはなれない。投資家の場合はさらに防御率が重要であり、防御率の高いチームが長期的に生き残り、良い

［図表15］ 勝つ投資家VS負ける投資家の利益・損失領域

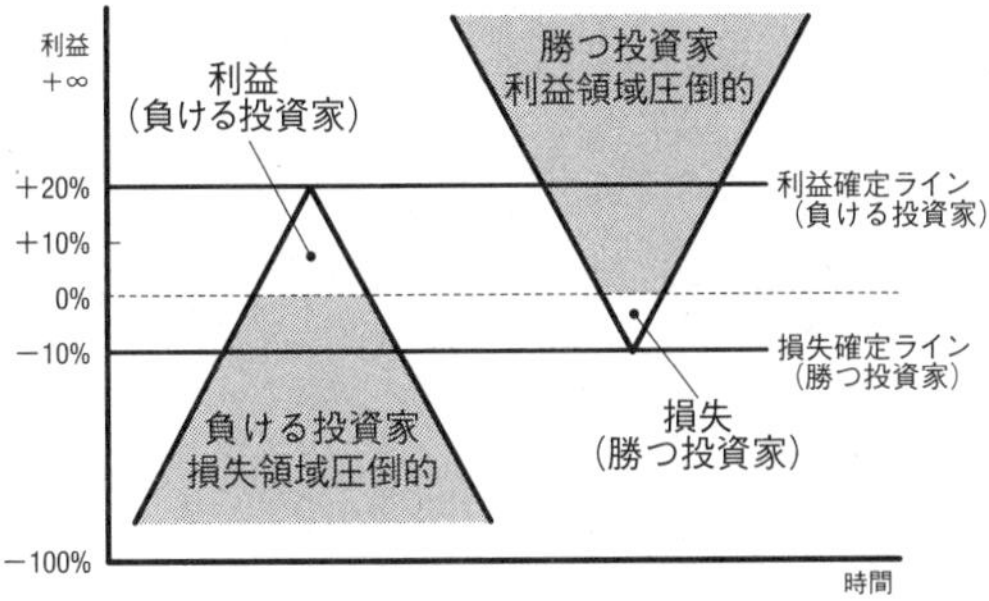


パフォーマンスを上げていく。

図表15は、投資ルールのない典型的な投資家と、先ほど述べた「逆指値」を遵守している投資家のそれぞれの損益獲得範囲を表している。一目瞭然だろう。

ダメな投資家は株価がプラス20％ともなれば利益確定のために売却に走り、含み損を抱えれば放置しっぱなしである。一方、投資ルールのある投資家は最大でマイナス10％しか損失を抱えず、利益についてはどこまでも獲得するという枠組みになっている。

間違ったフレームを無意識に採用している投資家は最初から「負け組」となることを選んでおり、正しいフレームを意識的に採用している投資家は最初から「勝ち組」となることを選択したことになる。

### 6　フルインベストメントしない

「時間的分散投資」についてはすでに詳しく解説した。フルインベストメントをおこなうことは時間的分散投資の放棄であり、マーケットとともにプカプカ浮いたり沈んだりする立場になってしまう。

相場が急騰しても急落しても、どんな環境下においても常に時間的分散投資の手段であるキャッシュを持ち、突然の投資チャンスに柔軟に対応できることが必要である。常に、「種まき、収穫」を意識した運用をおこなうことが重要で、すなわち、割安の状況で種をまき、割高の状況で収穫することを繰り返すことが「利益獲得」と「時間の獲得」をもたらす投資スタイルである。

## 5　株式運用ノートを作り記録を残す
## ――経験値を高めることが将来の財産を生む

### 売買は記録に残さなければならない

皆さんに、ぜひともおすすめしたいことがある。それは、株式運用の記録を残すことだ。ネット証券を利用している場合、自分がどの銘柄をいくらで買って、いくらで売ったか、損益はいくらだったかという売買記録は残る。ただ、そこには「なぜ買ったのか」「なぜ売ったのか」という理由は記されていない。

「どうしてその売買行動に出たのか？」

これはとても重要なことである。なぜならば、投資行動を後になって振り返ることができるからだ。いや、振り返るだけではなく、それを次の投資行動の教訓として生かせるからである。

そうした行動記録を残していないとどうなるか？

簡単である。3カ月もすると忘れてしまう。人間はあっという間に忘れてしまうものである。

記録の形式は自己流のフォーマットでかまわない。私がファンド・マネジャーとして運用に携わって以来、使っているのはA4サイズの普通のノートである。毎日1ページ分を割り当ててノートを付けている。

その中身は、前日のNY市場の動き、当日の日本市場の動きをそれぞれ5行程度記述し、そしてその日の銘柄の売買について記している。長続きすることが重要なため、簡単な方法をとってほしい。こうして作成したノートは30冊以上になった。

お手軽かつ便利な世の中になったからといって、最もいけないのはスマートフォンで思いつきに売り買いして、その売買を顧みないことである。記録を残さないから、成功も失敗も頭の中で素通りして忘れ去られてしまう。

## 売買記録の内容

売買記録に何を書くかといえば

①新規の買い・カラ売りの場合……「銘柄名」「株数」「金額」「買った／売った理由」の4点である。エクセルなどに記録してもよいが、おそらく面倒くさくなるのでノートに手書きでよい。必ずこれを書く。

②保有銘柄の売り・買い戻しの場合……「銘柄名」「株数」「金額」「騰落率」「損益額」「ポートフォリオに対する寄与度」「売った／買い戻した理由」の7点である。騰落率とは「簿価に対するプラス、マイナスの率」のことであり、損益額は「簿価に対しての利益、損失の額」である。そして、重要なのが「ポートフォリオに対する寄与度」である。

なかなかピンと来ないかもしれないが、これが先ほど述べた「リスク管理」の話につながってくる。要するにどれくらいその銘柄でリスクをとって、リターンを生み出したのかがわかるからだ。プロのファンド・マネジャーならば、毎四半期ごとに自分の運用しているファンドのプラス寄与・マイナス寄与の銘柄の分析をおこなう。それを個人投資家も生かしてみてはどうだろうか。

計算方法は簡単である。

寄与度＝損益額÷ポートフォリオ全体の運用額

で求められる。仮に運用額を500万円として、A銘柄を売って30万円の利益が出た場合の寄与度は30万÷500万なのでプラス6％となる。ポートフォリオ全体の損益を6％も押し上げる効果があったビッグヒットである。

一方、B銘柄を売って20万円の損失が出た場合の寄与度は20万÷500万なのでマイナス4％となる。合計でプラス2％の寄与度となる。

そして、最も重要なのが①②ともに「買った理由」「売った理由」である。

**成功体験・失敗体験を書き並べる**

①新規の買い・カラ売りの場合

この時は単に「買った理由・売った理由」を単純に記述するだけでよい。

「好業績が発表されたから」「アベノミクスの成長戦略関連の銘柄だから」「バイオ関連ブームだから」「急激に売買代金が増えているから」「個人投資家に人気のある銘柄だから」

「自分が応援したい企業だから」「とにかく今、急騰しているから乗ってみた」……と買う理由はいろいろあるだろう。

反対に、「業績が悪くなったから」「株価が急騰しすぎたため反動がくるから」「社長が解任されたから」「ブームが去ったから」……これもいろいろだ。とにかく記述する。まだそれがどうなるかはわからない。

②保有銘柄の売り・買い戻しの場合

こちらは①の行動の結末であるため、現実的な結果が出てくる。

利益が出た場合は、その理由を明確にしなければならない。明確な意思に基づいた行動が利益に結びついたのならば大いなる喜びである。それを簡単に記述する。たった1行でもよい。とにかく記録を残すこと。数カ月すれば「どうしてうまくいったのか」という理由を忘れるものだ。

損失が出た場合もその理由を記す。これはなかなか辛いことだが、極めて大事なことである。こちらもたった1行でもよい。「急騰しているところを乗り遅れまいと飛び乗ったらすぐに急落し始めた」「業績を調べずに買ったら大赤字の会社だった」「突然、下方修正のニュースが出た」「会社更生法が発表された」……うーん、どれもこれも頭の痛い話である。

そして、ポートフォリオ全体に対するマイナスの寄与度をチェックして、リスク管理が適切であったかどうかもチェックすることだ。

「早く忘れてしまおう」という気持ちはわかるが、忘れる前に記録を残すことだ。

**経験を積めば積むほど運用力は高まる**

なぜ、記録についてやかましく言うのか？

株式投資は経験値が大いにモノをいうゲームであり、いろいろな経験を積むことで運用力を高めることが可能だからだ。記録していないと、「経験値」が増えない。十年、二十年選手になってもいつも行き当たりばったりでやっていれば、運用成績が良いはずはないであろう。

野球ならば「本能や直感に基づいた資質」で抜群の成績を残す選手が稀に存在するが、株式市場ではそれはありえない話である。一番成績が良いタイプは、故・野村克也氏のような実践記録をすべて次に生かそうという強い意志で行動する人間である。彼ならば投資の世界でも、一流の投資成績を残していたはずである。

逆に言うと、自分の行動を顧みない投資家は、必ず大きな失敗をするということである。先に述べたのはすでに売買結果が出ているので自分なりにすでに決着をつけたといえるが、問題なのは売買結果が出ていない保有の状況で、取り返しのつかない「含み損」を抱えている場合である。信用取引や先物取引でレバレッジを何倍もかけている取引の場合は、自己資金を超えた取引を清算させられるため、人生計画が狂ってしまう、という本末転倒の結果となる。だが、記録を残すことはそういう恐ろしいリスクに対しての予防線として有効に働くため、ぜひとも習慣化してほしい。

# 第3章

# 株式投資の実戦力を身につける

# 1 株価が上がる理由、下がる理由を知ろう

## 投資判断の最も重要なポイント

株式投資をおこなっている個人投資家の成績が公表されることはないが、そのばらつきはすさまじく大きい。年間を通してみた場合、2倍以上資産を増やす人と半分以下になってしまう人がいる。それくらい大きな差がついてしまう。その要因は何であろうか?

株式投資で良い成績を収めている投資家は「株価が上がる理由、下がる理由」を知っており、その理由に基づいて投資行動を取っているのが特徴だ。株が上がると考えれば買い、下がると見れば売る。

一方、成績の悪い投資家は、そうした理由をあやふやにしたままで投資をしているタイプが多い。単なるウワサやブームに乗って、買ってはいけない企業にも投資しがちである。あるいは早耳情報、雑誌やラジオで紹介された銘柄にそのまま飛びついたりする。しかも、すでに旬が過ぎてしまい、企業の実力値を超えて買われた反動で株価が大きく下げて損失が出ているにもかかわらず売ろうとしないのだ。これでは成績の差は歴然である。

読者の皆さんには、ぜひとも良い成績を上げていただきたい。「株価が上がる理由」と

「株価が下がる理由」のポイントを整理してみよう。

**株価が上がる理由**

①全体のマーケットにおいて

- 景気が「回復」あるいは「拡大」という形で良い方向に動いている時
- 景気を刺激する経済政策が政府によっておこなわれている時
- 日銀による金融緩和政策がおこなわれている時
- 海外の株式市場が上昇している時
- 為替が円安傾向にある時
- 国債の利回りが下がっている時
- 東証1部の売買代金が3兆円を超える活発な取引がおこなわれている時

こうした条件を1つや2つだけではなく、多く満たせば満たすほど株式市場全体は上昇しやすくなる。

②個別銘柄において

- 業績が拡大している時（重要なのが本業の儲けを示す「営業利益」の動向）
- 業績低迷時から脱却して業績が回復する時（赤字企業が黒字企業になるなど）

・株式市場のテーマやブームとしてもてはやされる時

最初の2つは、純粋に企業業績が良くなることで評価される（利益拡大や増配は株主にとって歓迎される）が、テーマやブームは時に業績とは無関係の時があるので注意が必要である。業績を伴わない状況で株価が上がったとしても、短命に終わることが多い。

**株価が下がる理由**

①全体のマーケットについて

・景気が「後退」あるいは「縮小」という形で悪い方向に動いている時
・景気に悪影響を与える「規制強化」などが政府によっておこなわれている時
・日銀による金融引き締め政策がおこなわれている時
・海外の株式市場が下落局面にある時
・為替が円高傾向にある時
・国債の利回りが上がっている時
・東証1部の売買代金が2兆円を下回るような閑散な状態にある時

こうした条件を1つや2つだけではなく、多く満たせば満たすほど株式市場全体は下落しやすくなる。

②個別銘柄において

- 業績が低迷している時（重要なのが本業の儲けを示す「営業利益」の動向）
- 大きな問題が発生した時（トップの解任、不正問題の発覚など）
- 株式市場のテーマやブームではなくなった時

株価が上がる時とは反対である。こういう状況になれば株価が上昇することはなく、下落トレンドを続ける。「もうすぐ良くなるだろう」などという淡い期待を持っていると、保有銘柄はことごとくやられてしまうため注意が必要である。

## 全体のマーケットの中での個別銘柄という視点が大事

全体のマーケットと個別銘柄の2つに分けて説明したが、これらはもちろん相関関係がある。すなわち、全体マーケットが良ければ個別銘柄は上昇しやすくなり、全体マーケットが悪ければたとえ好業績の個別銘柄といえども株価は上昇しないことがよく起こる。

全体のマーケットに対しての相関関係を測定する指標としてベータ値（β値）がある。1・0であればマーケットと同じ動きをするが、1・5であればマーケットに対して上昇も下落も1・5倍という振幅をすることを意味する。すなわち、激しく動く株である。反対に0・5であればマーケットに対して0・5倍の振幅しかしない穏やかな動きの株である。次節で取り上げる日経電子版などで簡単に調べられるので、投資する時の参考にしていただきたい。

## 2 個別銘柄における投資アプローチの基本を習得する――8つのステップ

個別銘柄への投資は、株式投資において最もダイナミックでエキサイティング、かつ困難を伴う行為である。個人投資家が個別銘柄への投資をおこなうにあたっての拠り所は曖昧で具体性に乏しいことが多い。単にテーマ性に乗ったりメディアが宣伝する投資情報を鵜呑みにしたりして、投資銘柄を決定するアプローチに一貫性がないことも多い。個別銘柄に投資しているのにもかかわらず、その企業の中身やファンダメンタルズを知らなかったり、置かれているビジネス環境の変化に注意を払わなかったりする。

これでは、最初から不利な条件で、戦場で戦っているのと同じである。そこで本節では、個人投資家が個別投資をするにあたってのベーシックなアプローチを紹介する。次の8つのステップをぜひ身につけて、個別銘柄への投資力をアップしてほしい。

## 1　まずは『会社四季報』を読みこなす

東洋経済新報社発行の『会社四季報』は、日本株に投資するならばプロ、アマ問わずあらゆる人間にとって重要な情報の宝庫である。

現在3000社以上も存在する上場企業について、これほどコンパクトかつベーシックな情報を2000円程度の安い価格で得ることのできる媒体は他にはない。それほどすばらしいものである。もちろん、適切な投資判断を引き出せる情報がたちどころにわかるわけではないが、投資行動のたたき台になるだけの情報源だ。まだ入手していないのならば、まず書店に買いに走ってほしい。3カ月ごとに年4回発行されている。なお、私が利用しているのは、随時情報が更新され、自由にスクリーニング検索もできる会社四季報オンラインの上級者向けプレミアムプランであるが、お手頃なベーシックプランもあるので気軽に活用できるだろう。

上場企業にはすべて4ケタのコード番号が割り当てられ、1000番台から9000番台まで順番に並べられている。昔は、何千番台はどの業種といった形で明確な区切りがあったのだが、上場企業が増えるにしたがって曖昧になってきている。特に3000番台はもともと銘柄数が少なかったため（繊維がメインセクターだった）、新規上場企業が増えるとともに、さまざまな業種の企業が押し込まれているのが実情である。

『会社四季報』を全く読んだことのない投資家には、活用法を解説した手引書が刊行されている。『会社四季報公式ガイドブック』（東洋経済新報社）を手に入れて目を通してほしい。

『会社四季報』を読んで投資対象に目星をつける勘所を整理してみよう。消去法によって危険企業を排除し、投資対象企業を絞り込んでいくのが有効な活用法である（図表16を参照）。

### 2　目星をつけた企業のサイトにアクセスする

企業のホームページを見れば、その企業のクオリティーがわかる——。

それくらい如実に判断できる材料が企業のサイトである。最近では、IRの優良企業を選ぶ際の判断材料にもなっているケースがあり、その内容のチェックは侮れず無視できない。

優れた企業というものは、その企業に関心のあるあらゆる人々、すなわち顧客、取引先、株主、投資家に対して自社を理解してもらうための多大な工夫をおこなっている。サイト情報を見れば、その姿勢およびクオリティーが非常によくわかる（図表17を参照）。

### 3　会社説明会資料をチェック

会社説明会資料は定型のフォーマットがないため、各企業が自由裁量で自社のアピール

### [図表16] 投資対象に目星をつける勘所

| | |
|---|---|
| 1 | 売上高・営業利益のトレンドのボラティリティが少なく、堅調に伸びている企業を選ぶ。 |
| 2 | 反対に、売上高・営業利益のでこぼこが大きい一貫性のない企業は避ける。 |
| 3 | 営業キャッシュフローが赤字の会社は避ける。決算上は黒字を出していても、資金繰りは健全ではないことを物語っている。 |
| 4 | 直近の期の営業利益が赤字および今期の業績予想が赤字となっている会社は避ける。 |
| 5 | 有利子負債額が総資産に対して50%以上の会社は避ける。 |
| 6 | 主幹事証券および監査法人がメジャープレーヤーでない企業は要注意。 |
| 7 | 時価総額が50億円未満の会社は避ける。経営基盤の弱さを物語っている。時価総額は100億円以上の企業が望ましい(100億円は機関投資家が投資するかどうかの一般的な基準にもなっている)。 |

### [図表17] 企業サイトのクオリティーの判断ポイント

| | |
|---|---|
| 1 | 代表者挨拶にどれぐらい具体性・説得性があるか。<br>サイトに顔写真のない企業は避ける。 |
| 2 | 全体の構成が見やすく、すっきりまとまっていることが重要。<br>ごちゃごちゃしてわかりにくいのは、その企業の中身がないことの<br>裏返しである可能性がある。 |
| 3 | 事業内容の説明がわかりやすいか。事業概要や商品の説明を読んで、<br>会社の全体像が理解できるか。個々のビジネスがわかっても、<br>個々のビジネスが企業全体の中でどれくらいの重要性を占め、<br>役割を果たしているかがわからなければ全く意味がない。<br>ダメ企業はこの点が必ず曖昧になっている。 |
| 4 | 企業戦略が明確に示されているか。抽象的な表現ではなく、<br>具体的な数字目標を掲げているか。そして、その目標自体は魅力的で、<br>株価が将来上がるに足るものであるか。 |
| 5 | 会社説明会資料、決算短信が過去にさかのぼって閲覧できるか。 |
| 6 | IR担当者とのコンタクトが取れるような配慮がなされているか。 |

をすることができる。そういう点では、企業側に都合の良いバイアスのかかったPR資料と解釈しておいた方が投資家としては安全である。

いくらアグレッシブな事業計画を会社説明会資料の中でうたっていたとしても、それはあくまでも企業側の楽観的観測にすぎず、客観性・信頼性を欠いている可能性がある。会社説明会資料をチェックする勘所については、次節で説明する。

## 4 決算短信のチェック

会社説明会資料を読んでも、決算短信を読まない投資家が多い。しかし、決算短信の勘所を読み取らなければ、投資の必要十分条件を揃えることはできない。

会社説明会資料はバイアスがかかっていると述べたが、決算短信は証券取引所が決めた定型フォーマットであり、ほとんどごまかしが利かない（ただし、企業と担当の公認会計士が手を組んで粉飾決算をおこなっている場合はごまかしが見破れないことがあるが、これはごく例外的なケースである）。

まずは、実績として発表された業績数字が会社側予想をクリアしているのかのチェック、そして新たに業績予想が示されている場合は、それがポジティブなものかネガティブなものかのチェック（売上高、利益の増減を見る）をおこなう。

また、決算短信にはリスク情報が充実して書かれるようになったため必ず目を通す必要がある。甚大なリスクや一過性ではない構造的なリスクを抱えている企業は投資対象として選んではいけない。

さらに、バランスシートの売掛債権が極端に増加していたり、有利子負債が急増したりしているのは危険サインである。営業キャッシュフローがきちんと黒字を確保できているかもチェックする必要がある。こちらも詳しくは次節で解説をおこなう。

## 5　過去のトラックレコードのチェック

過去のトラックレコードのチェックとは、期初の業績予想の修正発表がなされたかどうかをチェックすることである。企業予想は各社によって非常にクセがあり、その企業の持つ正確性・慎重性・楽観性をかなり色濃く反映している。投資に目星をつけた企業があるならば、過去の業績のトラックレコードを調べることだ。できれば5年間分の数字をチェックしてほしい。そうすると、その企業の業績の確かさがわかるだろう。

いつも期初に慎重な業績予想を出して途中で上方修正する企業もあるが、その逆も多い。ひどい例では、毎期ごとに二度以上の下方修正を出しているケースがある。そういう企業は基本的に信用できないため、投資対象から外さねばならない。

本当に誠実で立派な会社ならば、ほとんど下方修正を出していないはずである。事業環境が厳しい年度においても最悪のことを覚悟しつつ業績予想を立てており、「これがコミットメントの数字だ」と宣言する誠実さがある。

## 6　疑問をリストアップし、質問をぶつける

このステップは投資家から能動的アクションを起こすことなので、慣れていないうちは躊躇するかもしれないが、個人投資家といえどもおすすめしたいステップだ。

これまでのステップを経て選別された投資したい企業に関して、疑問点を箇条書きでリストアップする。どんな些細なことでも知りたい問題点があれば、リストアップすることが重要である。そしてそれを、会社側に質問の形でぶつけてみよう。

平日に電話での問い合わせをできないのならば、多くの企業がメールでの質問を受け付けているので、これを活用すればよい。投資家に対して前向きな企業は、きちんとした質問をしてくる投資家をおろそかにすることはない。すべての質問に対して満足のいく回答を得られるかどうかはわからないが、少なくともその企業の投資家に対する誠実さのリトマス試験紙として大いに参考になる。

## 7　投資方針を決める

いよいよ最終的な結論を導き出すステップである。どんなに業績の良い企業、すばらしい会社であっても割高な株価で投資すれば、それは間違った投資となる。割高な株価はど

こかで水準訂正されて買値よりも下がり損失を抱えてしまう。

投資をしてリターンを得るためには、当たり前のことだが「割安」な水準で買わなければならない（売りの場合は「割高」な水準で売らなければならない）。それを決定するために最も重要なのが利益水準に対しての物差しとなるPER（キャッシュフローが重要な企業ならばPCFRなども使う）、および財務状況に対する物差しとなるPBRの水準を算出することである。

比較のポイントは2つある。一つは同業他社に対して割安か、割高かをチェックすること。もう一つはその企業の過去のバリュエーションに対して割安か、割高かをチェックすることである。同業他社に対しては、同じビジネスをやっている企業が見当たらない場合や、企業のクオリティーの差異で常に他社に比べて割高だったり割安だったりすることがあるので、全面的に信頼できるわけではない。

しかし、過去のバリュエーションに対する水準チェックは、効果的かつ信頼性の高い判断材料となり有効である。なお、これらは後ほど詳しく触れる。

以上の作業を経て、投資するかどうかの判断を下す。そして投資した後は、月次の数字など、ファンダメンタルズのチェックを怠ってはならない。このメンテナンスが非常に重要である。これほどまでにベーシックなアプローチによる個別銘柄への投資は労力が求められる。

しかし、日本経済について学べ、自分の好きな企業のことが深く理解できる。それが投資成果につながれば資産も増えるという非常に楽しい作業である。とりあえず、実際に自分が非常に興味を持った数社をこのアプローチでチェックしてみることをおすすめしたい。いろいろな発見があり、正統派の投資の醍醐味を感じられるはずだ。

## 8　決算発表日を事前にチェックする

投資した銘柄については投資しっぱなしではなく、その後の状況をフォローしなければならない。株価に最も重要なインパクトを与えるのは企業決算である。昔は中間決算、期末決算の年に2回の発表だけだったが、今は四半期ごとに年に4回の決算発表がおこなわれているので、投資家のチェックの回数も増えて手間がかかる。

そこで大事なのが、事前に決算発表日を知っておくことだ。一番使い勝手が良いのが日経電子版である。マーケット欄の企業サイトで決算発表日を簡単に検索できる。特定の日における決算発表企業だけではなく、コード番号を入力すれば個別企業の決算発表日がわかるので便利である。日経電子版は日本経済新聞がベースになっているが、新聞の経済・金融情報だけにとどまらず、電子版ならではのオリジナルコンテンツに加え、過去記事の検索や保存、上場企業の各種ランキングといったインターネットならではの多様なサービスを提供しており、実に便利である。

なお、ネット証券によっては決算発表日のチェック機能を提供していることもあるので、そちらも併せて活用していただきたい。

## 3 会社説明会資料と決算短信を読みこなせ ——手札を見ずにポーカーをするな

個別銘柄への投資をおこなうにあたって、「会社説明会資料」と「決算短信」のチェックは投資家に求められる最も基本的な準備作業である。ポーカーをする時に、自分の持っている手札を見ずにゲームすることはありえない。それと全く同じである。手札といっても投資の場合は見るべき範囲が広いので、そのキーポイントを押さえておこう。

損益計算書や貸借対照表、キャッシュフロー表などの会計に関する基本的な知識も必要となってくるため、そのバックグラウンドがないと、少々難しいかもしれない。そもそも、個別銘柄に投資するということは、その企業の現状把握や将来を分析する能力がないと、かなり無理があるのだ。

したがって、少なくともここで指摘するキーポイントを押さえながら、細かな知識については会計に関する書籍（初心者向けのわかりやすい本が最近は数多く販売されている）

を参照して、理解するように努めてほしい。

投資した企業の決算発表が待ち遠しくなり、また投資していない企業の決算情報も気になる、という状況になればシメたもの。企業について調べたり分析することが、運用パフォーマンスの向上にダイレクトに結びついている投資家になっている証左である。

## 会社説明会資料と決算短信の違い

会社説明会資料と決算短信は、企業から発信される重要な情報であるが、それぞれの役割は異なっている。その違いをまず正しく認識し、ウラとオモテから企業の実像に迫ることが大事である。

会社説明会資料とは、決算時および投資家向けセミナーなどにおいて、企業側が自社のビジネスや企業戦略、直近の業績状況、今後の見通しなどを説明するために自分たちで作成した資料である。

少なくとも20ページ、充実した資料を作成している企業ならば50ページを超えることもある。できる限りアナリストや投資家に自社について理解してもらおう、ということを念頭に作成されており、また取引所が決めた定型のフォーマットではないため、自由裁量で自社をアピールできる資料である。そういう点では、会社説明会資料は企業側の都合の良いバイアスのかかった「主観的」かつ「PR的」な側面が強い資料と見なさねばならな

[図表18] 会社説明会資料と決算短信の相違点

| 重要チェック項目 | 会社説明会資料 | 決算短信 |
|---|---|---|
| ビジネスモデルの説明 | 詳しい | わずかな記述 |
| 企業戦略 | 詳しい | ほとんど記述なし |
| 中期経営計画などの将来的シナリオ | 詳しい | ほとんど記述なし |
| B/S、P/L、キャッシュフロー表などの会計データ | 企業によってまちまち | 詳しい |
| セグメント(部門別)情報 | 詳しい | さほど詳しくない |
| 会計情報の注記 | ほとんど記述なし | 詳しい |
| リスク情報の開示 | ほとんど記述なし | 詳しい |
| 経営者情報、株主構成 | 詳しい | ほとんど記述なし |

い。

一方、決算短信は年4回必ず四半期決算ごとに発行され、取引所が決めた定型フォーマットにしたがって作成され、「恣意的」「意図的」な表現ができなくなっており、「客観的」にその企業の実態を見ることができる。

もちろん会社説明会資料がダメで決算短信が良いのか、というとそんな単純なことではない。一般論を言えば、投資に最も重要な「将来的情報」は会社説明会資料の方が充実しており、個人投資家も企業分析に熱心な人は会社説明会資料をよく見ているようだ。しかし、リスク情報などの別の意味で投資に重要な情報はほとんど欠落しており、決算短信を注意深く見る必要があるのである。両者はまさにウラ・オモテの関係にあり、その違いをまとめると図表18のようになる。

## 会社説明会資料を読みこなす

まず会社説明会資料から見てみよう。

最近では企業のホームページが充実していることもあり、各社は「ＩＲ情報」や「投資家情報」といったコーナーを設けて、機関投資家・個人投資家を問わず幅広く情報を開示するようになった。そして、そのコーナーの中にたいていは「ＩＲライブラリー」というサブセクションを作って会社説明会資料を掲載している。これをクリックすれば、たちどころに資料にアクセスすることができる。

また、一歩進んだ企業では、会社説明会資料と同時に、会社説明会そのものをリアルタイムで流したり、撮影した動画を配信したりしているケースがあり、その状況を自宅のパソコンからまるで聴衆として参加しているのと同じ気分で見ることができる。

会社説明会資料で重要なポイントは、以下の５点である。

①ビジネスモデルの説明がきちんとなされているか

初めてその企業について閲覧する立場であったとしても、その企業がどのようなビジネスをやっているのか、どのように収益を上げているのかがクリアにわかるかどうかである。その企業を詳しく知らない人にも理解できるように、詳細にビジネスモデルの説明がなされているのが望ましい。

②企業戦略

経営の羅針盤たる戦略無くしてビジネスは成り立たない。企業戦略は企業および経営者がきちんと説明しなくてはならない最も重要な部分である。どの程度の説明力があるかは、会社説明会資料を見れば一目瞭然である。抽象的ではなく具体性を伴って解説されているものほど信頼性が高い。

③中期経営計画などの将来的シナリオ

あくまでも企業側が描く数字なので、その信憑性は吟味されなければならない。一つ言えることは、過去にきちんと達成してきた会社ほど将来像を達成する可能性は高いということである。

あるいは3カ年や5カ年の中期経営計画の進捗状況を毎期ローリング（見直し）する形で修正を加えながら、経営計画を練り直す企業は信頼度が高い。終わった期が未達であっても、その要因がきちんと分析され、今期以降に生かそうという真剣さが求められる。

ダメな企業の場合は、過去の反省もせず、以前の計画を放ったらかしにしたまま新たな計画をスタートさせる。要するに、計画が出しっぱなしなのだ。

④会計データの分析

決算短信では数字データが各社とも同じフォーマットで表記されているが、分析となると会社説明会資料で詳細なものを提示する企業が多くある。営業利益の増減において、その要因となる粗利益率の変化、販管費率の変化の説明をするというのは、基本中の基本である。

⑤セグメント（部門別）情報

こちらも会社説明会資料では決算短信の通り一遍な情報に対して、企業がより詳しく提示できる重要な情報である。ちゃんとした企業ならば、事業部門ごとに利益のプラス要因、マイナス要因が一目でわかるようにビジュアル化されている。

**決算短信を読みこなす**

次に決算短信を見てみよう。

決算短信も会社説明会資料と同じく、企業のホームページの「ＩＲ情報」や「投資家情報」といったコーナーで、ほとんどの場合ＰＤＦファイルで入手・閲覧ができる。そのようなサービスがなされていない場合、東証の適時開示情報閲覧サービスや日経電子版などで検索することができる。決算短信で重要なのは以下の3点である。

①表紙ページをまず確認

決算短信においてまず注目しなければならないのが、決算概要がコンパクトに数字化された1ページ目の表紙の部分である。直近の業績が（1）経営成績（損益計算書のポイントのまとめ）、（2）財政状態（貸借対照表のポイントのまとめ）、（3）キャッシュフローの状況として表記され、配当の状況と業績予想が示されている。

経営成績が会社側の予想に対してちゃんと達成できているかどうか（その達成度は前回の決算短信の予想数字をチェックする）、財政状態は良好か（債務超過に陥っていないか、自己資本比率が減少していないか）、営業活動によるキャッシュフローは黒字を確保しているか（赤字の場合、資金繰りが苦しくなっている可能性がある）をまず点検する。

そして、配当金がきちんと払われているかどうか。無配や減配している企業は収益力が乏しくなっていることを表している。一方、増配している企業は収益力向上の反映である。

最後に、新しく示された業績予想が、終了した決算に対して増収・増益の予想が出ているかどうかをチェックしよう。減収・減益の場合、株価が下落するリスクが高くなるので注意が必要だ。

②会計情報の注記を確認

会計情報の変更をおこなうと、これまでの業績の集計との一貫性がなくなるために注意が必要である。決算短信には会計情報の注記がつけられており、これにより従来の会計方針が厳しくなったのか、あるいはルーズになったのか（見せかけの利益を増やすためにおこなわれることがある）をチェックする必要がある。

③リスク情報の開示

リスク情報は一般的には会社説明会資料では触れられていない重要な情報である。必ず決算短信で、その企業の抱えているリスクをチェックしなければならない。

決算短信におけるリスク情報は、この数年で急速に充実した項目となっており、相当広範囲にわたって網羅されている。また、「事業継続の疑義」がある企業（将来的に倒産リスクを抱えている企業）についても簡単にチェックすることができる。

以上、企業の会社説明会資料や決算短信を用いて、個人投資家が企業を見る際にチェックしておきたい項目の解説をおこなった。すべてを一度に理解して、判断することができるまでにはもちろん数年の時間を要するが、慣れてくればだんだんと苦痛にならなくなるだろう。

まず、手始めに自分がすでに投資している企業や、まだ投資はしていないが非常に興味を持っている企業といった身近なところからチェックしてみることをおすすめする。

## 4 PER、PBR、ROEなどの投資指標をどう活用するか

企業というのは生き物であり、時間とともに常に変化している。ということは保有銘柄の状況も変化しているということである。良い変化ばかりしてくれれば株式投資にとってこんなに楽なことはないが、悪い変化も次々に出てくる。

株式投資とはそうした悪い変化をかわすための戦いの連続ということもできる。ひとたびマーケットという戦場に入れば、どこから銃弾や爆弾が飛んでくるかわからない。地雷が埋まっていることもある。したがって、できる限り有利に戦うためのノウハウやスキルが必要となってくるのだ。

本節のテーマは「投資指標」の活用の仕方である。「個別銘柄における投資アプローチ

の基本」の7番目の論点「投資方針を決める」の詳しい解説に該当する。単に「この企業はよく知っているから」「将来性がありそうだから」という理由だけで投資することはできない。株価がフェアバリューであれば、もはや投資リターンは発生しないし、上昇している株価に順バリで乗っていこうとしてもすでに割高な位置で投資したのならば、フェアバリューに戻るだけでマイナスのリターンを抱えてしまう。したがって、良い企業を選んでも「割安で投資する」ということが実行されない限りは、失敗した投資になってしまう可能性が高い。この点を今一度認識し、どう「投資指標」を生かすかを身につけてほしい。ここで取り上げるのは、株価のバリュエーションを測る尺度として代表的な投資指標である「PER」「PBR」「ROE」の3つである。

## PERの本質とは何か

PER（ピー・イー・アール）は株式投資をおこなう投資家ならば絶対に知っておかねばならない、そして絶対に投資に生かさねばならない最も重要な投資指標である。

株価が上昇する最も重要な条件に「利益成長力」がある。中長期にわたって利益が伸びている企業ほど株価の上昇率が高くなる。一方で「利益成長」のない企業やマイナス成長している企業の株価は下落する。

要するに、企業価値が高まっているか、失われているかを測る決め手が「利益水準の方向性」というわけである。そしてこの利益水準をベースに株価が高いか安いかを客観的に知る指標が、ＰＥＲである。

ＰＥＲとは、price-earnings ratio の頭文字をとったもので「1株当たりの当期純利益に対して、株価が何倍にまで買われているのか」を表す指標である。

例えば、Ａ社の1株利益が20円に対して株価が６００円であれば、ＰＥＲは30倍ということになる（６００円÷20円＝30倍）。1株当たり利益の大小は発行済み株式数の多寡によって、大企業では小さく、中小企業では大きいという傾向が一般的に出る。

これを基に株価の形成がおこなわれているため、株価が６００円の会社と2万円の会社では、2万円の会社の方が価値があり、株価が割高とは一概に決められない。あくまでも1株当たりの利益に対して割高に買われているか、割安であるのかを議論するのがＰＥＲである。

さて、ＰＥＲが30倍の会社とは何を意味しているのであろうか。これは今期1年間で稼ぎ出す利益（当期純利益は1年間のみの単年度の利益である）の30倍の株価がついているということであるから、現在の株価６００円で投資するということは、30年分の利益を先回りして株を買うことになる。すなわち、今期ベースの利益の30年分のお金を出して投資することになる。

では、ＰＥＲが60倍ではどうであろうか。これは同様の考え方からすると、60年分のお金を前払いして投資するということになる。

30年分払うのと60年分を払うのとでは、当然のことながら後者の方がたくさんのお金を投じるということになるため、投資家の負担度合いは大きい。投資資金に対する回収度という視点からすれば、ＰＥＲの低い方が回収は早く割安で投資をすることになり、ＰＥＲの低い企業は投資対象として魅力的であるということになる。

一方、ＰＥＲが１００倍を超えて取引されている企業も株式市場には存在する。インターネット関連株などがその代表例であるが、１００年分の前払いをして、なおかつ投資資金の回収ができるのかを、こうした企業に投資する投資家は考えなければならない。

１００年という期間は、常識論からすれば人間の平均寿命を超えたものである。「私は２００歳まで生きる」という自信のある人なら別であるが、普通はこうした企業に投資することはなかなか難しく、中長期的に見た場合の株価下落のリスクは非常に高くなる。

## ＰＥＲの活用法

ＰＥＲの活用法は大きく2通りある。

①その企業の属する業界平均値や同業他社と比較して、割高・割安を判断する
②その企業の過去のＰＥＲの水準と比較して、割高・割安を判断する

証券会社のアナリストが企業分析レポートで投資判断をする際に、頻繁に使っているのが①である。要するに、相対比較の中においてPERが低ければ割安、高ければ割高という判断である。

平均値よりも低いPERはいずれ平均値に向かって是正される（すなわち、株価が上昇する）、その逆に平均値よりも高いPERもいずれ平均値に向かって是正される（すなわち、株価は下落する）ということであるが、実は株式市場はそんなに単純ではない。このロジック自体間違っているのだが、いまだにこうした議論がまかり通っているのには注意が必要である。

この議論は、その企業も含めて比較対象となる企業群はすべて利益成長が均一であり、企業のクオリティーも大差がないということが前提になっていなければ成り立たないはずであるが、その点がまるで無視されている。

要するに、利益成長の高い企業やクオリティーが高い企業ほど「平均値」よりも高く買われる（すなわち、PERが高くなる）のが普通であり、その逆の場合、「平均値」よりも安く放置される（PERが低い）のが一般的である。こうした比較は「良い会社」を割高だと結論付け、「悪い会社」を割安だと決め付けてしまう危険が伴う。

したがって、相対比較の「平均値」で議論するのは意味がない。「PER」が株価を決めるのではなく、正しくは「PERは企業価値によって決まる」、である。これはとても重要なことだ。

一方、②はあくまでもその企業の過去という自分自身との絶対比較による評価であり、これは投資判断に非常に有効である。PERは毎年の利益水準によって変化する（計算方法は、現在の株価を今期予想の当期純利益で割って求める。今期予想の数字は、会社側発表数字でよい。決算短信で簡単にチェックできる。過去のPER水準は、過去の株価をその期の当期純利益で割って求める）が、過去の利益水準の高い時期、低い時期のPERの上限値・下限値を3年間、あるいは5年間のスパンでチェックし、現在のPERがそれに対して割高なのか割安なのかを判定すればよい。

なお、PERの限界として、赤字に陥った場合、当期純利益がマイナスになり、計算不能になることが挙げられる。赤字の時はPER水準を求めることができないため、その時期においては株価水準そのものがどの程度まで下落しているのか、という株価の絶対値が重要になってくる。

PERチャートは、残念ながらまだインターネット上のサービスでは一般的ではないから簡単には手に入らない。だが、毎期ごとのPERの推移は、インターネット証券の顧客向けデータサービスなどでチェックすることが可能なので、ぜひとも活用してほしい。

## PBRとは何か

PERが当期純利益という1年間の期間損益をベースにした投資指標、すなわち損益計算書（P／L、ピーエルと呼ばれる）のデータをベースにしているのに対して、PBR（ピー・ビー・アール）はその企業の貸借対照表（B／S、バランスシートと呼ばれる）を基にして割高・割安を判断する指標である。

PBRとは、price book-value ratio の頭文字をとったもので「1株当たりの純資産（株主資本）に対して、株価が何倍にまで買われているのか」を表す指標である。

例えば、A社の1株純資産が300円で株価が600円であれば、PBRは2倍ということになる（600円÷300円＝2倍）。B社の1株純資産が400円で株価が200円であれば、PBRは0・5倍となる（200円÷400円＝0・5倍）。

では、PBRが2倍の会社とは何を意味しているのであろうか。純資産とはその企業が今現在バランスシートに持っている株主から集めたお金（株主が所有するお金）を表している。したがって、株価がそれに対して2倍の価格がついているので、本来の株主が所有している1株300円の倍の600円を払わなければ投資できない。要するに株価は割高になっていると言える。

ところが、B社の場合は、本来株主が所有している1株400円をその半分の価格の200円で買うことができるので、非常に割安である。俗にPBR1倍割れの状態を「会社の解散価値を下回る」というふうに表現するが、これは1株200円で株を手に入れた株主が、会社を解散させれば1株当たり400円のお金が戻ってくるために、企業実態よりも株価が安く放置されていることを意味している。

PBRは、PERのように業界平均や同業他社と比較して論じられることはあまりなく、あくまでもその企業の現在の株価が実態よりも割高か割安かを測る尺度として用いられる。

バリューインベスター(割安株ばかりを投資の対象とする投資家)が格好の標的にするのが、PBR1倍割れの企業であり、まともな経営をしている企業に解散価値を下回る株価評価がついているのならば、「それは必ず1倍を回復するはずだ」とのロジックで投資をする。その成果は非常に高く、個人投資家にとっても個別企業の銘柄選択の指標の一つとして有力な武器となるだろう。

ただし、クオリティーが低い企業の場合、「万年PBR1倍割れ」ということもあるので注意が必要である。その一方で、新興市場の銘柄の場合PBRが5倍~10倍、いやそれ以上になっているケースもあり、注意が必要だ。

## ROEについて

ROE(アール・オー・イー)とは、return on equity の頭文字をとったもので「当期純利益が純資産（株主資本）に対して何%あるのか」を表した指標で、日本語で「株主資本利益率」と呼ばれている。すなわち、企業が株主から預かったお金に対して、年間で何%のリターンを上げているかを表現している。

純資産が100億円で、当期純利益が5億円の企業であれば、ROEは5%となる（5億円÷100億円＝5%）。リターンが高い企業ほど、株主から預かったお金で効率よくビジネスをしており、リターンが低い企業ほど非効率な経営をしていることになるため、企業が経営目標の中でよくROEについて触れて「ROE10%を目指します」などといった表現をするのは、そのためである。

ROEは代表的な投資指標の一つであるが、非常に大事な点がある。それはROEの計算にはPERやPBRのように株価が用いられていないことである。したがって、現在の株価が当期純利益や純資産に対して、高いか安いかを示す尺度ではないということである。

ROEが高くなるのは、「当期純利益が大きい、すなわち多く稼いだ結果」の場合もあるが、実はもう一つある。それは「純資産が小さい」時もROEを押し上げるのだ。

これは中小型株などでそもそも株主資本が小さかったり、あるいは借入金が多く、過去に赤字に陥って株主資本が取り崩されている危ないケースも該当する。したがって、単純にROEが高いという理由だけでは「魅力的な企業」と決めるわけにはいかない。

現に、ROEの高い企業ばかりに投資をしていても投資リターンは良くないとの研究結果もあり、すでに「ROEの高さ」が株価に大きく織り込まれて割高となっているか、一時的に利益を上げたものの企業実態がさらに悪化して株価が下がっていくことにつながる、という可能性が高くなるのだ。

したがって、高ROE銘柄を投資指標として生かす際には、「高ROE」＋「低PBR」という2つの条件を満たした選別方法が有効となる。「低PBR」という切り口を導入することで過小株主資本の問題が排除されるからである。

## 投資の際には必ずPER、PBR、ROEのチェックを

投資指標の知識を持っていたとしても、実際に投資行動に生かされなければ何の意味もなさない。すでに自分が投資をしている企業、これから投資する企業について「PER」「PBR」「ROE」を必ず計算し、自分の投資手帳（ノートでも、エクセルシートでも何でもよい）に記しておくことだ。この習慣がつけば、常に割安で投資をすることの重要性を認識させられ、運用資産のパフォーマンスの向上につながるだろう。

また、インターネット上で「PER」「PBR」「ROE」などの投資指標に数値条件を入力して、自分の求める企業のスクリーニングをおこなうことができるサービスがネット証券や日経電子版の「マーケット」などで提供されているため、それらを用いて全体から

絞り込むという方法もあるので活用してほしい。

## 5　テクニカル分析の限界と効用を考える ――ファンダメンタルズ分析とコラボレーションさせよう

個別企業に投資する場合、大きく2つのアプローチがある。テクニカル分析とファンダメンタルズ分析である。一般的に個人投資家はテクニカル分析を好む傾向が強く、チャート信奉者が多いが、そのパフォーマンスは芳しくないというのが私の印象である。「株式投資の基準は値動きですよ」と言う個人投資家に多くお目にかかる。ある時期までは良い投資成果を上げることもあるが、業績未達や大きな下方修正が出て、売ろうにも売れないという事態に遭遇したら、目も当てられない。それは株価の動きだけを追ってファンダメンタルズ分析を欠いているからである。

テクニカル分析にファンダメンタルズ分析を加えて、両者を生かす形でコラボレーションさせることが必要である。加えてこれまで説明してきた「PER」「PBR」「ROE」などのバリュエーションで最終決定を下し、「リスク管理」を徹底しておこなう鉄壁の投資手法を確立しよう。

## テクニカル分析の欠点

テクニカル分析には、さまざまな種類がある。移動平均線、ローソク足、サイコロジカルライン、ポイントアンドフィギュアなどさまざまな角度からの投資アプローチが提示されている。非常に多くの分析があるため、本書では取り上げない。紙面の制約に加えて、これらにはあまりにも欠点があるからである。

テクニカル分析の欠点は、ずばり、株価の動きだけで投資判断がなされ、その企業の現状を認識せずに「売り／買い」を決めていることである。加えて、チャート分析で解説されている法則を実際の売買に当てはめてみた場合、予想される動きとはあまりにも異なるケースが多く、「だまし」が多い点である。

私がいつも不思議に思っていることがある。それは、個人投資家向けの株式投資の本はどうしてチャート分析ばかりなのかということだ。「黄金の法則」だとか「チャートの奥義」などという言葉が堂々と書名となっている。もし、株式投資の全くの素人がこうした本だけ読んで市場参加者になれば、かなりおかしな投資の技術を身につけてしまうことになりはしまいか、と危惧している。

チャートは過去の株価の動きをグラフ化したものであり、チャート分析は過去の値動きのリズム、パターン、方向性などを把握して投資に生かそうというものである。日本では江戸時代に米相場で利用されたのが始まりだ。本間宗久が残したとされる酒田五法は最も有名で、その応用・変形版である柴田罫線、また一目均衡表も広く知られている。その他にもあまたの解説書が出版されている。最も多くのテクニカル分析が掲載されているのは『日本テクニカル分析大全』（日本テクニカルアナリスト協会［編］、日本経済新聞出版社）であり、興味のある方は購入してみるとよい。

これらの本を手に取ると、チャートにいろいろな法則があるとして解説がなされている。株価の変化点を指し示して「○○の法則」とさまざまなパターンが述べられているのだが、こうした本に登場するチャートは、解説しやすいように、きわめて明快なケースが取り上げられていることが多い。

銘柄によっては曖昧な動きをするチャートもたくさんあり、法則から外れているものも随分とある。こうした企業に対してはどのように分析し、取り組めばよいのかは説明されていない。都合のいい例だけを選別して、解説しているケースが多いのではないかという疑問が常に生じる。

こうした法則を学んで実践に入ろうとすると、投資の世界は絶えず次々に起こる新しい現象を織り込んで株価形成がおこなわれるため、チャート分析により次はこうなると自分なりに予測していたとしても、次の日にはその読みが外れてしまうかもしれない。翌日も違う動きとなり、三日目もまた外れてしまえば、投資家は不安になるだろう。

自分がどれくらいのリスクをとっているのかがだんだん見えなくなり、まだ我慢していた方がよいのかどうかという判断材料も持ち合わせていないから、全くわけのわからないうちに損失を抱えることになる。こうした経験だけで「株は怖い」という印象を持ち、投資の世界から身を引いてしまったという人々もかなりいるのではないだろうか。

ひどい本になると、銘柄ごとに株価の動きの解説ばかり延々と綴っている。各企業が持つ事業の特性や、株価が上下した背景に関しては全く言及していない。

例えば、逆三尊型を確認したから買いの局面が現れ、二重天井だから売りのシグナルが出たというような解説ばかりである。それはあくまで過去において描かれた軌跡の後講釈にすぎない。実際には逆三尊を形成した後下落したり、二重天井となった後に株価が上昇トレンドを描くケースは数多くあるのだ。したがって、チャートの形だけで判断するのではなく、その軌跡を描くに至った要因分析を忘れてはならない。

私はアナリスト時代、機関投資家と延べ２０００回を超えるミーティングの機会を持ってきたが、チャート分析で使われる投資手法を応用して将来的な株価の動きをどのように予測すべきか、という議論をしたことは一度もない。

もし、チャート分析が強力な威力を発揮するならば、機関投資家においても、心もとないファンダメンタルズ分析など放り出して、こうした分野に本格的に着目してファンドを運用する人たちが多数いてもおかしくないが、そんな話は聞いたことがない。

相手の正体を知らずして、その動きだけを見て行動するのは、武士が目隠しをして、相手の影を追いながら切りつけようと刀を振り回しているのと変わらない。これでは結局、投資について何も知ることなく、場違いな経験だけ持ってしまう。

## 株価は基本的にランダム・ウォークする

「ランダム・ウォーク」というのは証券専門用語で、「ランダムに歩く、すなわち株価は酔っ払いの足取りのごとく動く」ことを意味する。バートン・マルキールの古典的名著である『ウォール街のランダム・ウォーカー』(井手正介［訳］、日本経済新聞出版社）という本のタイトルは、まさにランダム・ウォークから名づけられたものである。

株価はランダム・ウォークするのだから、よほど明確なトレンドを描く局面以外は、酔っ払いの足取りを法則化することは難しい。

企業業績は事業を取り巻くさまざまな環境の変化に容易に影響を受ける。そうした事態が発生すれば、株価はすぐに法則から外れて未知の展開となってしまう。

為替、原材料価格、需要トレンド、景気動向などは刻々と変化していく。加えて、世界的に株価の連動性が高まっているため、海外の株式市場の動向が株価の攪《かく》乱要因として常に影響を及ぼしている。

また、アナリストによってカバーされていない企業が突然、大幅な上方修正をおこなったとすれば、株価急騰のきっかけとなる。その前日までチャートがどんな形を描いていようと、株価は急上昇に転じる。そうすると前日までのチャートの動きというのは基本的には役に立たなくなるのだ。

加えて、翌日以降にどの程度の株価の上昇が起こり、持続する期間がどのくらいなのかは、今日の株価の動きをいくら分析しても答えは出てこない。

反対に、下方修正をした企業の株価が１カ月間で30％下落し、その後株価はもみ合いの状況を続けていたとしよう。ほぼ下値抵抗力がついて、そろそろ上昇基調に入るだろうと分析しても、その後再度下方修正すれば、株価はさらに大きく下落し、法則から外れてしまう。とりわけ業績変化が激しく値動きの荒い中小型株の世界では、ひとたび経営に失敗し、その後の事業戦略を誤ると、業績は即赤字に転落し、株価は下落前の10分の１になってしまうといったことがしばしば起こる。

この10分の１に落ち込む過程において、どの株価レベルが下値の目安なのかは、現在進行形の株価形成の中に身をおいていても、反転する局面が出てこない限りはわからないというしかない。いきつくところまでいかないと、次の判断は下せないわけである。したがって、ある程度株価が下がり、そろそろチャート上で底値のサインが出たと判断しても、その企業についてきちんとした知識を持っていなければ、それが妥当かどうかは点検できない。へたなチャート分析は危険である。

結果論としての一連の株価の軌跡を取り出して、「過去においてこうした法則が当てはまっていた」と言うことはできる。だが、それはあくまでも結果論であり、これを単純に当てはめて、今後の株価の動きを予想するのは難しい。

## ファンダメンタルズ分析を生かすポイント

テクニカル分析だけに頼る投資手法は危険だと述べた。しかしながら、読者の中にはテクニカル分析である程度のスキルを身につけて投資に生かしている、という投資家もいるだろう。そこで、テクニカル分析で投資銘柄を決定する際に、その企業のファンダメンタルズをチェックすることによって、さらに精度の高いふるい分けをおこなうためのポイントを記してみよう。

ファンダメンタルズ分析に関しては、第3章2の「個別銘柄における投資アプローチの基本」と3の「会社説明会資料と決算短信を読みこなせ」においてそのアウトラインについて触れたので、もう一度読み返して自分に足りないスキルを認識してほしい。

以下がファンダメンタルズ面におけるチェック項目である。

①今期の業績は順調に推移しているか。月次数字は計画を下回っていないか。
②財務体質が弱っていないか。有利子負債依存度は悪化していないか。営業キャッシュフローは黒字であるか。

③「事業継続疑義」が付けられていないか。債務超過に陥っていないか。
④主幹事証券および監査法人はメジャープレーヤーであるか。最近になって、それらの変更は起こっていないか。
⑤過大な負担となるM&Aをおこなっていないか。無理強いのM&Aが成功する可能性はほとんどない。
⑥株主との利益相反を起こしていないか。安易なMSCB（転換価格修正条項付き転換社債）の発行や過剰ファイナンスを実施する企業は「発行済み株式数の増大＝1株利益の希薄化＝株主価値の減少」を引き起こし、株価の低迷が続くケースがほとんどである。

ファンダメンタルズにおけるこれらの必要条件をきちんとクリアしているかどうかを見極めた上で、テクニカル分析によって魅力的な状況にある銘柄への投資をおこなえば、より厳選された形での銘柄選択となり、リターンを上げる可能性が高まる。

**バリュエーションと「リスク管理」でゆるぎなき投資スタイルを築く**

テクニカル分析とファンダメンタルズ分析をコラボレーションさせて投資判断をおこなっても、もちろん完全ではない。良い企業を選んでも「割安で投資する」ということが実行されない限りは、失敗した投資になってしまう可能性が高いからである。

そこで第3章4「PER、PBR、ROEなどの投資指標をどう活用するか」において述べたバリュエーションの考え方を常に導入して、最終的な投資判断を下す必要がある。投資には「安く買って高く売る」「高く売って安く買い戻す」の2種類しかリターンを上げる方法はない。その尺度となるのがバリュエーションであり、リターンを生めるかどうかの決定的要因となるからだ。

そして、最後に忘れてはならないのが第2章4「リスク管理こそ生命線――個人投資家に最も欠けている『投資ルール』を作ろう」で述べた「リスク管理」である。テクニカル分析、ファンダメンタルズ分析、そしてバリュエーションの3方位で合理的な投資判断を下しても、マーケットは常に期待どおりに動いてくれるとは限らない。「マーケットノイズ」と呼ばれる攪乱現象がしばしば起こり、時には猛烈な突風が投資家を次々に吹き飛ばしていくからである。その時に「逆指値注文」によるロスカットルールによってシートベルトをしていたかどうかは、まさに投資家の生死を分けることになる。

## 6　ポートフォリオ運用に踏み出そう
## ――ポートフォリオ運用の8つのステップ

いよいよポートフォリオ運用についての解説である。これまでの内容の集大成であり、個別銘柄への投資の集合体となるポートフォリオの枠組みを作る手順を整理し、その後どのように管理していくのかを解説しよう。

ポートフォリオを運用するにあたって重要な点は、「リスク管理」「銘柄の分散投資」「時間の分散投資」である。日頃からきちんとしたルールに則って運用していないと運用環境の急変で「含み損」を大きく抱え込んでしまい、身動きの取れない状況に陥ってしまう。

常に自分に優位に資産運用をおこなうのにはどうしたらよいのか、という視点でポートフォリオを運用することが重要である。そうすれば「ピンチすらチャンスに変える」ことを積極的におこなえる投資家になれるだろう。ポートフォリオ運用とは実に楽しいものである。くれぐれも「苦しみ」に変えないようにしてほしい。

株式投資で資産を増やしていくためには、ポートフォリオ運用の考え方が非常に有効であり、それは別にファンド・マネジャーだけの仕事ではない。8つの要諦を簡潔にまとめてみよう。

### 1　常にフルインベストメントしない

大鉄則である。手元に500万円の運用資産があるとして、それを常に全額投資してはいけない。スタート時はせいぜい20％程度から始めるべきである。

含み益および実現益が生まれ、ポートフォリオ全体の収益が増加していけば、リスク許容度も上がり投資ウエートを増やすことができる。この状況が実現すれば、次の段階として相場の平常時は50％程度の株式投資にとどめ、残りの50％はキャッシュとして保有しておくことが重要である。

常に投資できる資金を潤沢に持っておけば、新たな投資チャンスとの遭遇で積極的に動くことができる。また、運用資産の半分がキャッシュということは、相場の下落局面においても資産の下落幅が小さくなりポートフォリオの劣化を防ぐことができる。「フルインベストメントしないこと」＝「時間的分散投資をおこなっていること」はすでに述べた。

### 2　ポートフォリオ運用に必要な銘柄数

運用資産が小さいほど投資できる銘柄数は少なくなるが、分散投資のためには少なくとも5銘柄は必要である。しかも、セクターやビジネスモデルなどが異なる分野に投資をすることが重要である。例えばインターネット関連株に5銘柄投資しても、全く分散投資にはなってくれない。なぜならば、同一セクターの銘柄は基本的には似たような動きしかしないためである。

10銘柄で分散できればかなりの分散効果を得ることができ、かつ同じカテゴリーの分野でも複数の銘柄に投資することができる。例えば5つの異なる分野に投資をするとすれば、同じ分野で2銘柄ずつ投資することが可能となる。10銘柄への投資は個人投資家にとっては理想的な銘柄数だ。また、大型株、小型株といった切り口での分散投資も入っていれば、ポートフォリオはよりバラエティーに富んだものとなる。

20銘柄に分散できれば、アクティブ運用をする投資信託のレベルに近くなる。運用資産が3000万円あるいは5000万円以上のような規模であれば可能だろう。運用資産がもっと大きくなったとしても、30銘柄以上はおすすめできない。個人投資家レベルでは管理が難しくなるからだ。自分の資産規模に見合った適正な銘柄数にすることが重要である。

ビギナーの投資家が銘柄を選定するにあたっておすすめしたいのは、TOPIX Core30の銘柄（東京証券取引所の市場第一部全銘柄のうち、時価総額、流動性の特に高い30銘柄で構成された日本を代表する企業）からいくつかピックアップする方法である。

多くの投資家が常に集まってくるため、いつでも容易に売買することができる。メンバーは図表19のとおりである。

### 3 投資し終わったら、必ず逆指値による反対注文を出す

銘柄への投資が終わったら、必ず最大損失許容度としてのロスカットの株価位置を決め、その値段を逆指値として反対注文を入れる。絶対に忘れてはならない鉄則である。投資した簿価に対して何%の損失位置で逆指値を入れるのかは、各人のリスクの取り方によって変わってくるが、基本的には「マイナス10%」を逆指値の目安とするのが良いだろう。

10%の損失では少なすぎる、と感じられるかもしれないが、まずはこのレベルから始めてほしい。熟達してくれば、もっと損失レベルの許容度を厳しくする方が大事だとわかってくると思うが、とにかく10%以上の損失を許容しないでほしい。

このルールを遵守すれば、ヘタな株価水準で安易に投資すると数日のうちに、あるいはひどい場合は、投資をした日に逆指値がヒットして損失が確定してしまう。ということは、それだけ投資する株価水準や銘柄選択に対しても厳しくなるというわけである。

［図表19］ TOPIX Core30銘柄

| 証券コード | 社名 | 証券コード | 社名 |
|---|---|---|---|
| 2914 | 日本たばこ産業 | 7751 | キヤノン |
| 3382 | セブン&アイ・ホールディングス | 7974 | 任天堂 |
| 4063 | 信越化学工業 | 8031 | 三井物産 |
| 4452 | 花王 | 8058 | 三菱商事 |
| 4502 | 武田薬品工業 | 8306 | 三菱UFJフィナンシャル・グループ |
| 4503 | アステラス製薬 | 8316 | 三井住友フィナンシャルグループ |
| 4568 | 第一三共 | 8411 | みずほフィナンシャルグループ |
| 6098 | リクルートホールディングス | 8766 | 東京海上ホールディングス |
| 6501 | 日立製作所 | 8802 | 三菱地所 |
| 6758 | ソニー | 9020 | 東日本旅客鉄道 |
| 6861 | キーエンス | 9022 | 東海旅客鉄道 |
| 6954 | ファナック | 9432 | 日本電信電話 |
| 6981 | 村田製作所 | 9433 | KDDI |
| 7203 | トヨタ自動車 | 9437 | NTTドコモ |
| 7267 | 本田技研工業 | 9984 | ソフトバンクグループ |

2020年6月現在（毎年10月に見直しがおこなわれる）

## 4 「マイナス5%ルール」を守る

これもすでに説明したルールだが、大事なので繰り返す。運用資産が月間5%を超える損失を受け入れてはいけない。私は長年の経験から個人投資家はこのルールを守るべきであると考えている。どんなに突発的なリスクが発生しても運用資産はトータルで5%以内の損失に抑えるようにポートフォリオの「リスク管理」をしなければならない。

もし、あなたの現在の運用資産の累積リターンが20%を超えるマイナスになっているとすれば、それは全くもって「リスク管理」ができていないと認識しなければならない。個別銘柄を見るとぞっとするような含み損の銘柄を抱えているはずだ。

株式投資において「リスク管理」がなっていないと、わずか数銘柄やたった1銘柄の失策がポートフォリオ全体に壊滅的な影響を与える。そして、累計のリターンがマイナス50%以上の損失をやってしまえば、新たに投資できる追加資金が手元にない限りは、塩漬けから回復するのを待つしかない。すなわち投資戦略が消滅し、お祈りすることしかできなくなってしまうのだ。

もし、月間で最大5%の損失が発生したとしても慌てることはない。逆指値のヒットによって投資銘柄へ振り向けていた資金が次々とキャッシュ化されることで、リスクアセットから解放され、否応なく冷静にさせられる。とりあえず、立ち止まって周りの景色を見ることだ。

マイナス5％に達すれば、その月に再度投資をすることはおすすめしない。マイナス5％というのは数字上わずかに思えるかもしれないが、トレンドが大きく変化していることが多く、その見極めをするためにもマーケットから離れてみることが重要である。

「マイナス5％ルール」をどのように遵守するのかについて、もう一度触れておこう。仮に現在、運用資産の50％を株式投資しているならば「マイナス5％」に達するということは株式投資部分がマイナス10％になってしまうことである。そうすると5銘柄あるいは10銘柄で分散投資しているとすれば、それぞれの銘柄のロスカットが「マイナス10％」ということになる。株式投資のウエートが増えれば増えるほど個別銘柄のロスカット水準の要求が厳しくなる（全額株式投資をすれば、各銘柄のロスカットはわずかマイナス5％）。

## 5 含み益が出れば、逆指値ポイントを上げていく

最初に簿価に対してマイナス10％というリスク許容度を決定したら、そのままに放っておいてはいけない。含み益が出始めたら、逆指値ポイントを有利な方向にどんどん上げていき、自分のポジションを優位に運ぶ作業をおこなわねばならない。

すでに前章の図表14で図解したように、含み益がプラス10％となれば逆指値ポイントをマイナス10％から0％に引き上げる。そうすれば、リスクフリーで投資をしていることと同じになり、もはやこの銘柄で損をすることはない。これは非常に大きいことである。

含み益がプラス20％になれば逆指値をプラス10％に引き上げる。さらにプラス30％になれば逆指値をプラス20％へ、という形で含み益をできるだけ有利な株価位置で確定させるために逆指値ポイントを見直さねばならない。その見直しはマーケットをリアルタイムで見ている必要はない。毎日1回、相場が終わった時にポートフォリオの各銘柄の株価のパフォーマンスをチェックすればよい。とにかく、含み益はあくまでも含み益であって、利益確定するまでは「幻」であり、捕らぬ狸の皮算用である。

注意点としては、あまりにも厳しい逆指値を設定すると、わずかの株価調整ですぐに跳ね飛ばされてより大きな利益を逃すことだ。銘柄ごとのボラティリティを考慮しながら逆指値ポイントの見直しをおこない、いつも自分を有利な状況に置くことが重要である。そのあたりの感触も自分の得意銘柄が増えてくれば、わかってくるだろう。

## 6　ポートフォリオは常に「％」で管理する

ポートフォリオの株式投資部分が全体に占めている割合は何％か。それぞれの銘柄は何％の保有ウエートとなっているのか。また、それぞれの銘柄は簿価に対して何％の損益状況にあるのか。

「％」で管理するのが、最もわかりやすく明確に資産運用の状況を把握することができるスタイルであり、パフォーマンスの分析も非常に容易である。皆さんのポートフォリオ管理にぜひこの手法を取り入れてほしい。

## 7　毎月毎月リターンを積み上げていく

毎月リターンを積み上げていく運用スタイルであれば、相場全体の大きなブレに左右されづらく、着実にリターンが積み上がっていく投資家になる。なぜならば、「損失は小さく、利益は大きく」という運用スタイルに自然となっているからである。

一般の個人投資家は全く逆だ。ちょっと含み益ができても少しでも株価が下がる気配を見れば慌ててわずかの利益で売却してしまい、反対に含み損はどこまでも際限なく抱えるのである。「利益は小さく、損失は大きく」という運用スタイルではもう最初から「負け組」は確定している。読者の皆さんには「勝ち組」になってほしい。

## 8　成績の悪い銘柄を切って良い銘柄を育てる

ポートフォリオ運用を始めてみると、すぐに気がつくことがある。それは組み入れ銘柄のリターンのばらつきである。

「どの銘柄も一様に自信があって、どれも同じくらい上がると思っていたのに、どうしてこんなにもパフォーマンスに差があるのか？」

これはポートフォリオ運用をしたことがある人ならば、必ず思ったことがあるだろう。

「一様に自信がある」と言っても、すべての銘柄が同じタイミングで上昇するわけではなく、業績の伸び方も一様ではないため、当然のことである。自分にとって一番の勝負銘柄がマイナスのパフォーマンスで、あまり期待していなかった銘柄がグングン上昇していくということもよくあることだ。

四半期決算が発表されるごとに、保有銘柄を継続保有すべきか、売るべきか、買い増すべきかを常に考えてほしい。そして必要があれば、ポートフォリオの中身を入れ替えていくのがおすすめである。

なぜか？

理由は簡単である。「より大きなリターンを上げるため」である。

そして、その入れ替えの際に注意すべき重要な点がある。それは「成績の悪い銘柄を切って、良い銘柄を育てる」ことである。

ところが、これと正反対のことをやっている個人投資家が多い。すなわち、含み益が出ている銘柄から売却し、含み損を抱えている銘柄はこれから活躍すると考えて継続保有してしまう。結果は思惑とは逆のことが多く、売却した銘柄はさらに上昇し、保有している銘柄はさらに損失が膨らむのである。

これは考えてみれば、当然のことである。すなわち、含み益のある銘柄は上昇トレンドにあるのだから上昇が続き、含み損のある銘柄は下落トレンドにあるため下落が続く、という傾向が強いからである。

銘柄を見直す際の鉄則は「含み損の大きい銘柄ほど売却の対象であり、売却した方が良いのではないか」と考えることである。「含み益の出ている銘柄はこれからさらに寄与する可能性が高いため、まだ保有していた方が得策ではないか」と自問してみることである。

活躍中の選手をベンチに引っ込めて、全く冴えない二軍選手ばかりを起用するプロ野球の監督などいない。こんなことをやれば即刻クビである。常に活躍する選手でポートフォリオをピカピカにしておかねば、投資家として勝利することはできない。

あなたは大丈夫だろうか？

## 最後に――「負け組」投資家へのメッセージ

最後にこれまで「負け組」であった投資家に、大事なメッセージを送りたい。もし現在、多くの銘柄が「含み損」を抱え、動けなくて困っているのであれば、そのマイナスの呪縛を解く方法である。

それは、今日現在の株価を「簿価」と置き換えて、銘柄管理をスタートすることである。もはや大きな含み損を抱えた状況でただ指をくわえて、じっと待っているだけでは何も良くならないし、時間が無駄に消費されるだけである。

そこで、今現在の運用資産額をスタート地点と位置づけ、各銘柄の「リスク管理」をリセットすれば即、「勝ち組」に変身することができる。心の荷が下り、前向きになれるはずだ。これまでの後ろ向きの自分と決別する。これが最も重要である。

今すぐ行動しよう。

# 第4章

# 上昇相場で資産を増やすポイント

## 1 買う銘柄を選ぶ際の注意点
## ――タイプ別銘柄セレクション

本章では「上昇相場で資産を増やすポイント」と題して、具体的な銘柄選択のノウハウや銘柄選びの注意点に関して解説していく。まずは「買う銘柄を選ぶ際の注意点」がテーマである。おそらく、個人投資家にとっては最も興味のある話題だろう。

個人投資家のセミナーに私が講師として呼ばれた場合、決まって聞かれるのが「どの銘柄がおすすめですか？」「どの銘柄を買えばいいのですか？」である。この質問だけは何年たっても変わらない。だが、こうした質問をする人たちを見ると危険な感じがする。なぜならば、銘柄選択の基準を何も持ち合わせていないことの裏返しであるからだ。

投資においては何よりも自分で考えて行動し、自分で果実を獲得する体験を積み重ねることが重要であり、人の話やウワサなどで行動してもいい結果は出ないだろう。いい結果が出たとしても、その勝因がわからないようでは次の行動に生かせない。皆さんには「次のおすすめの銘柄は何ですかね？」と聞く投資家にはなってほしくないものだ。

本題に戻ろう。投資魅力のある企業を探す際にどのような着眼点を持つべきなのか、という銘柄選択の「切り口」を知っていることは投資における武器となる。単なる業種別による分類方法ではなく、投資リターンを上げることを主眼においた考え方を紹介しよう。株価が高いパフォーマンスを実現する場合において、短期的に一気に株価が上昇してすぐに萎んでいく銘柄もあれば、じわじわと時価総額が拡大していく銘柄もあり、さまざまである。だが、資産運用の観点からすれば、株価のボラティリティが小さく、持続的に上昇トレンドを描く銘柄が最も理想的である。

すなわち中長期的な視点でどのような企業に投資するのが大事なのか、をまず株式投資の基本にせねばならない。

その際に、最も大事なポイントは投資をする企業に「構造的成長力」があるかどうかである。構造的成長力というのは景気の好不況に左右されず、コンスタントに需要の増加を作り出し、業績が長期的に伸びていく状況を指す。そうした企業を発掘するための条件を探ってみることにしよう。

### 1　新規事業

核となる既存ビジネスがすでにしっかりとあって、その上に新規事業を開拓することによって業績全体が大幅にアップする企業。この場合、新規事業がうまくいくかどうかの成否は、既存事業とのシナジー効果（同じ販売ルートが生かせる、既存の技術力の応用・発展で新たな事業分野を開拓するなど）が高いかどうかがカギを握る。

自分の得意分野をさらに伸ばすことができる企業である。もし、新規事業をうまく掘り起こすことに成功すれば、同じセクターに属する企業群には見られない大きな業績成長につながる。新規事業から生み出された利益の純増部分がプラスアルファの評価を受け、株価は大きなパフォーマンスを演じることになる。

## 2 M&A

既存ビジネスとのシナジー効果を生かしつつ、事業の多角化・深掘りをおこなう企業。先ほどの「新規事業」はあくまでも自社の力だけで利益成長部分を生み出そうとしているのに対して、「M&A」では他社を買収することによって、自社のビジネスと融合させて利益成長部分を創造する点が異なっている。

ここで重要となるのは、あくまでも自社の既存ビジネスとのシナジー効果が生み出せるかどうかである。詳しくは第5章2の「危ない企業を見極める」で取り上げるが、M&Aでよくあるケースが「スピード経営」と称して、自社のビジネスとは関係のない企業を買収すること。ほとんど失敗することが多く、「事業の間違った多角化」となってしまうので、注意が必要である。

M&Aをうまく生かせることの多いケースは、ある程度の企業価値の基盤(時価総額1000億円以上)が備わっており、かつM&Aのための資金が銀行借り入れや公募増資のような外部調達ではなく手元資金でまかなえ、投資に対する想定リターンがどれくらいになりそうなのかをプレスリリースにおいて明確に示すことができるという3つの条件が備わっていることである。

これらのうち、どれか一つでも欠けてしまうと、それだけで自社の経営体力に見合わない不利なM&Aになる可能性が高く、投資対象としては敬遠した方が無難である。

### 3　ニュービジネス

これまで世の中に存在しなかった事業を創り出すことで、新たな投資テーマを提供する企業。これはまさにIPO（新規公開）企業がその宝庫といってよい。

毎年平均して50社～100社程度が新規上場してくるが、その中に必ずといっていいほど「既存の公開企業にはないビジネスをおこなっている」企業が登場してくる。

例えば2000年以降において最も華々しい例では、不動産流動化ビジネスが挙げられる。今でこそ、日本においてもREIT（不動産投資信託）市場が確立されたが、この市場の掘り起こしをおこなったのは大手不動産企業ではなく、中小型株のIPO企業であった。

また、バイオ関連銘柄もそうである。大手製薬メーカーは新薬の開発に取り組んでいるが、大規模市場をターゲットにするため、その研究開発費は100億円単位と莫大になる。ところが、中小のバイオ関連はニッチな分野に的を絞って創薬ビジネスを展開するため、大手メーカーが手がけていない分野を狙って開拓する。そうした中にユニークなものがあり、自社の研究開発にも応用しようと大手製薬メーカーが協業を申し出るケースも見られる。

こうしたニュービジネス企業は大型株の世界にはほとんど見出せない。中小型株の市場において魅力的なテーマとなっている。ただし、投資妙味は大きいものの、株価の賞味期限は比較的短い傾向がある。

## 4 全国制覇・世界制覇

これは小売業に多いストーリーである。最初は地元で第1号店をオープンし、その近隣で数店舗のビジネスをおこなって、やがて隣県に進出し、さらにテリトリーを広げて売上高、利益がどんどん増えていく企業。全国制覇さらには世界制覇という形で成長ストーリーが発展していけば、その業績成長力は半端ではなく、とてつもなく大きいものとなる。

例えば今や大企業となったが、昔のヤマダ電機やニトリ、ファーストリテイリングなどの業績を10年、15年、20年単位で検証すると、とんでもない成長をしてきたことがわかる。ヤマダ電機およびニトリは全国制覇企業、そしてファーストリテイリングは全国制覇を経て、世界制覇に進出している局面にある。

具体的にファーストリテイリングのケースを検証してみよう。1994年に広島証券取引所に単独上場したが、当時の売上高は333億円、営業利益は32億円であった。上場してからの数年間は業績の下方修正を毎年のように繰り返し、次第に投資家から敬遠される存在になっていったが、98年に1900円という非常に低価格ながらも温かくてセンスの良い「フリース」を発売して話題を呼び、たちまち大ヒットして全国制覇のエンジンとなった。そして、今や世界制覇にチャレンジするステージに来ている。最新の決算である19年8月期の売上高は2兆2905億円、営業利益は2576億円。94年当時と比較して売上高は69倍、営業利益は80倍となった。株価も上場当時の661円と比較すると現在は61700円（2020年6月30日終値）まで上昇。その上昇率は実に93倍に達している。

まさに中長期的な視点で、中長期的に株価パフォーマンスを享受するための企業群が小売業には多いため、このような分野からの銘柄ピックアップは大事だ。

なお、こうした企業群は短期的には毎月の売上高の好不調によって株価は影響を受ける。小売業のほとんどが毎月の「既存店売上高」「全店売上高」の数字を発表しているため、各社のIRサイトでチェックする必要がある。

## 5 シクリカル・モメンタム

4までは、いわゆる構造的成長企業を取り上げた。残念ながら、株式市場に存在する企業のうち、多くの企業はこれには属さない。しかし、だからといって投資対象にならないかというと決してそうではなく、シクリカル・モメンタムの分野も大事である。

シクリカルとは「景気循環」を指し、モメンタムとは「利益成長の勢い」のことであり、日本の製造業の大半はシクリカル企業に属する。自動車、機械、精密、電機、造船といったセクターが該当する。景気が良くなったり悪くなったりするたびに、これらの企業の業績も好不調を繰り返す。

このような企業に長期投資をしていると、結局のところ運用資産は増えたり減ったりするだけで、長期的に右肩上がりに増加していくことは期待薄である。しかし、業績好調局面(モメンタム局面)だけに限定し、株価上昇局面だけを狙った投資をおこなえば、投資成果は大きい。すなわち、景気の底入れ〜景気拡大期に投資をおこない、景気のピーク〜景気後退期には投資しないというスタンスを取るのである。

ただし、シクリカル企業の中でも2つの分類が必要である。海外向けのビジネス比率が高い企業と、国内向け中心にビジネスをおこなっている企業の線引きである。

海外向けのビジネス比率が高ければ、世界景気の拡大期において中国、東欧、インド、アフリカ、中南米という発展途上の地域においてビジネスチャンスが広がり、構造的に成長することができる。その一方で、国内ビジネス中心のシクリカル企業は成長のエンジンに乏しく、業績もパッとしない傾向が強い。

### 6　値上げ力

企業の売上高は数量×単価で決まる。日本の多くの企業がシクリカル（景気循環的）な動きしかせず、数量増加の点であまり大きな伸びが期待できない中で、単価を上げることができる立場にある企業の利益成長は大きくなる。単価アップ分がそのまま利益に直結するからである。例えば、金利を上げることによって収益が改善する銀行業や賃料を上げることによって収益が増加する不動産業などは、そういう立場を享受することができる。

あるいは、需要が供給能力を超えて需給が逼迫した局面では、その分野で大きなシェアを持っている企業は同業他社との熾烈な価格競争をする必要がないため、比較的自社の思いどおりに値上げをおこなうことができる。

### 7　敗者復活

これは6までとは全く異なるパターンであり、しかも「成長企業」とは対極の分野である。ビジネス上の失敗をしたり、競争に敗れて負け組に転落して株価が大きく下落した企業でも、立派に復活を果たせば、全く新たな評価を受けて大変身する。

マネジメントの交代、経営戦略の立て直し、大胆なリストラなどをおこない、赤字の大幅縮小や黒字への転換などで業績が大幅に改善すれば、市場参加者にサプライズを与えることになる。一度は「ダメ会社」の烙印を押され、株価も低評価にとどまっていた企業にダイナミックな変化が起こると、たちまち株式市場でもてはやされることになる。

景気が良くても悪くても、株式相場が良くても悪くても必ずこうした企業は毎年現れ、株価が3倍、5倍、時には10倍となったりする。

## 8　IR活動に一貫した姿勢が見られる企業

1〜7の必要条件を満たしつつ、十分条件として重要なポイントとなるのが、IR（インベスター・リレーションズ）姿勢である。株式公開をしているパブリック企業であれば、絶対に必要なのが一貫したIR姿勢である。

しかしながら、景気後退や業績悪化の局面になるとIR活動も劣化する企業が増える。IR活動が業績の良し悪しでブレていたのでは、話にならない。「業績が良い時も悪い時もIR活動をきちんとやります」と言っているはずの企業に言行一致しないケースが後を絶たず、その企業の本質が露出する。

投資家や株主に向き合いたくないような状況に置かれても、一貫した前向きなIR活動をしている企業は信頼性が高く、株価のパフォーマンスも相対的に良い傾向が強い。

## 【番外編】テーマ株、ブーム株

テーマ株やブーム株は、「今後想定される成長ストーリーが実現した時に、膨大なる恩恵を受けるだろう」という視点が株価上昇のエンジンとなっている。現時点における利益は大したことがない銘柄でさえも、市場参加者が群れ集まることによって、かつぎ上げられるのが特徴である。

「株式投資とはそもそも夢を買うことだ」というのが多くの個人投資家の考えの根底にあるが、まさにその概念にぴったりなのがこの手の銘柄である。ネットバブル時代のＩＴ関連銘柄、あるいは昨今の環境関連、太陽光関連、バイオ関連などが、それらに該当する。

将来の成長ストーリーは保証されていないため、あくまでも「だろう」投資となる分だけ、株価上昇の期間が短くリスクも高いというのが特徴である。

この手の投資を私は否定しないが、あくまでも「リスク管理」をおこなった上で、「自分がテーマ株、ブーム株に相乗りしており、いつその相場が終わるかわからない」ことを十分にわきまえた上での投資スタンスが必要である。そもそもこのタイプの投資の本質は「高値で買った株をさらに高値で買う」愚か者の存在を期待するゲームだからである。

それがわかっていないと、テーマやブームが去った「魂の抜けた亡骸」を長期で抱えて「含み損」から抜け出せないことになりかねない。ポートフォリオにゾンビを飼ってはいけない。その悪影響は恐ろしいからだ。

マイナス50％程度の含み損なら序の口、マイナス70％も朝飯前、マイナス80％もしばしば出現し、マイナス90％以上の死に体とも寝起きを共にしなければならないこともある。それもこれも買ってはいけない高値で買ってしまった代償である。そして、行き着く最悪の結果は、投資価値の消滅（倒産）である……。今もてはやされているものは、たいていは次の年には疫病神になっているものだ。いやはや、何ともおぞましい。

## 2 見向きもされない銘柄を発掘してみる

次に紹介するのは「見向きもされない銘柄」である。

日本の株式市場に上場している3000社超にも上る上場企業のうち、おそらく1000社近くは、このカテゴリーに存在する。銘柄数としては意外に多いのだ。それらを選択する際のポイントを簡潔に述べてみよう。

### PERとPBRをチェックする

「見向きもされない銘柄」に共通しているのは「PERが低い」「PBRが低い」、すなわち株価水準が低いということである。「見向きもされないからこそ、株価が上がっていない」ということである。当然といえば当然のことである。

どの程度であればPERとPBRが低いと言えるのかについては、今期予想PERが10倍割れ、PBRは1倍割れと定義しよう。

第3章で述べたように、ともに株価の割高・割安を的確に示す指標である。予想PER10倍未満は市場平均を常に下回る水準であり、PBR1倍割れは株価が会社の解散価値を下回ることを示す。

どちらか一方を満たしていれば「割安感が強い」と言えるのだが、「見向きもされない銘柄」は実は2つの条件を同時に満たしていることが多い。実際に、会社四季報オンラインを使って調べてみると、たくさんの銘柄が出てくる。この条件であれば、赤字企業や債務超過といった「ヤバイ企業」は出てこないので、安心して使うことができる。

こうしてリストアップした銘柄には、知らない企業が結構多く含まれているはずだ。そこがチャンスなのである。

次にやるべきことは、それらの銘柄の業績トレンドを調べることである。過去5期分は見てほしい。利益が継続して上向きであることが望ましいが、横ばいでも構わない。利益が落ち込んだ時期があっても、直近で回復傾向ならばいい。要は、その企業が核としているビジネスで今しっかりと利益を上げているかどうかである。

## アナリストが激減した今はチャンスだ

かつて私は、証券会社の中小型株アナリストだった。古い話だが、『日経ヴェリタス』が発行される前の『日経金融新聞』の時代にアナリストランキングにおいて1999年～2003年の5年連続でトップアナリストとして評価されていた。まだマーケットが熱く、アナリストたちが火花を散らしていた熱い時代であった。

ところが、その後インターネットバブル崩壊、景気後退、リストラ、リーマン・ショックなど次々と悪いことが起こり、証券会社は吸収合併を繰り返し、事業を縮小した。証券会社が合併するということは、同じセクターのアナリストの一方が切られるということである。したがって、証券アナリストの数は激減したのである。

特に私が担当していた中小型株の領域はその衰退ぶりがすさまじい。地方企業のカバーなどほとんどなくなってしまっている。

加えて、四半期決算が本格的に導入されたため、アナリストレポートは四半期決算の簡単な説明程度のものばかりとなり、「業績が予想を上回り、サプライズだから買い」「下回ったから、レーティング引き下げ」という単純な評価ばかりがまかり通るようになった。アナリスト本来の分析力を生かしたレポートがほとんど消滅していると言ってよい。

実は、これは個人投資家にとっては大チャンスだと思う。証券会社のアナリストの存在価値が下がってしまった一方、企業側も「アナリストのカバーが全くなくなりました」と嘆くケースが激増しているのだ。

企業価値が顕在化せず、眠ったまま埋もれているケースが増えていると言える。

**万年割安株ではダメかも……**

ただし、いくら「割安」といっても「万年割安株」に投資するとなかなか成果が上がらないことが多いので注意が必要である。

それに該当するかどうかの判別は、第3章で述べた「その企業の過去のPER、PBRの水準と比較して、現在が割安かどうか」という視点を持つことである。

クオリティーが低い企業の場合、「万年PER10倍未満」「万年PBR1倍割れ」ということもあるので注意すべきである。クオリティーが低い企業はそれ相応に企業価値がディスカウントされるので、それを「割安だから高評価しよう」という投資家はなかなか出てこない。だから株価は上がらない。

## 3 新高値更新銘柄に目を向ける

### 新高値更新銘柄は要注目

上昇相場における高値更新銘柄は注目に値する。なぜならば、高値を更新していること自体、買い持ちの投資スタンスにとって最も重要である「上昇トレンドに乗っている」ことになるからである。

ポートフォリオの「買い」の保有銘柄において上昇トレンドに乗っている銘柄のメンバーが揃っていると、運用資産の増加のペースは速い。皆がコンスタントに活躍しているからである。

一方、初期のアベノミクス相場において2013年5月頃まで一直線で駆け上がった局面のように、相場全体が年初来高値を更新しながら上昇しているにもかかわらず、ポートフォリオに新高値銘柄が少ない場合は、日経平均株価やTOPIXといった市場平均に勝てていない状況を意味する。

相場は上がっているのに手持ちの銘柄が上がっていない、という状況が2週間や1カ月も続くことになると今の相場の流れから外れていることを意味するので、点検が必要である。保有銘柄を一つひとつ点検してみると、おぼろげな理由がわかってくるはずだ。

先ほど述べた「見向きもされない銘柄」ばかりだとやや危険である。「いずれ皆が注目するだろう」という発想で買った銘柄においては、結局誰も注目しないことがよくあるからだ。上昇相場なのに資産が増えないというのは、せっかくの機会を生かしきれていないことになる。

## 上がっている銘柄はさらに上がりやすい

「新高値」銘柄の株価は上がりやすい特徴を持つ。なぜならば、売り圧力が少なく、かつプロのトレーダーや個人のデイトレーダーが買いの対象としてくるためである。

株価はいったん方向性が決まると、しばらくはその方向で動くことが多い。「買い」が「買い」を呼びやすくなるということだ。したがって、新高値銘柄を保有している時は、まだそのトレンドが続くと考える方が得策だ。

やってはいけないのが、「新高値」になったその日に売ってしまうことである。日々の「新高値銘柄」はインターネットなどで検索すれば、すぐに調べられる。非常に目立つ存在である。皆が注目しているのである。「新高値になったから買い出動」という投資家も多い。これからいよいよ本格的に活躍するという局面において、何も考えずに売ると後悔することになるので注意が必要だ。

普通の感覚で新高値銘柄のチャートを見ると、「もうこれだけ上がったのだから、上がり過ぎだ。ここから下がるだろう」と思ってしまうものだ。そして、こうした銘柄にカラ売りが仕掛けられることが多い。しかし、これもやってはいけないことである。

「ここで上値のピークだ」と本人は思ったつもりでカラ売りをしても、その結果は逆のことが起こること多し、である。カラ売りを仕掛けた株が上昇し始めると、カラ売りをしている投資家の含み損はどんどん拡大する。

上昇すればするほど損失は急激に膨らんでいくので、買い戻しをおこなわなければならない。ということは、純粋に買っている投資家の「買い」に加えて、損失確定のための「買い戻し」が入るため、買いの力が一段と大きくなるのだ。こうした現象を「踏み上げ」といって、通常の上昇スピードでは見られないような急騰劇を演じる。

## 最高値更新銘柄は稀にみる好条件

新高値銘柄の一般的な定義は「年初来高値」あるいは「過去1年における高値」である。要するに最近の相場において、株価が新値を取っている銘柄のことである。したがって、過去2年、5年という単位で見れば「高値」でないケースも多い。

ところが、新高値銘柄のうちでも「最高値銘柄」というのが存在する。最高値とは「上場来高値」のことであり、その企業が株式上場して以来、今が最高値の状況にある銘柄だ。これはある意味「完璧な株」と言える。

なぜならば、保有投資家の中で誰一人として「含み損」を抱えている者がいない。株価が上昇しても含み損から脱した投資家の「やれやれ売り」が出てこない。保有投資家はニヤニヤしながら、保有を楽しんでいて売ろうとはしない。売り圧力がないのだ。

だが、「最高値銘柄」に何も考えずにカラ売りを仕掛ける投資家というのも、少なからずいる。その投資家たちが踏み上げられて降参し、「買い戻し」をしてくれるのだ。需給関係でみると、株価が上昇するための完璧な条件を満たしている。

過去最高値銘柄の株価のチャートを見ると、ビジュアル的にはどう見ても「行き過ぎ」という印象を受けるものだが、さらに「上値を追う」というのはこうした株価上昇にさらに火をつける需給関係が水面下に存在しているからである。

上昇トレンドには素直に従うべし、である。

## 4　新安値更新銘柄を安易に買ってはいけない

### 新安値には理由がある

マーケット全体が上昇しているにもかかわらず、株価が下がっているというのは、逆バリ（人とは反対の行動をとること）の発想からするとチャンスに見えるかもしれない。しかも「新安値」を更新しているとなると、ワクワクしてくる……。何かとんでもない大きなチャンスがあるのではないか？

この考え方は、ほとんどの場合、間違っていると言ってよいだろう。なぜならば、上昇相場において「新安値」を更新している銘柄には、株価が下落するだけの理由が存在するからである。上昇相場においても、その銘柄を「売りたくなる」というのは、かなり深刻な問題を背後に抱えていることが多いと考えなければならない。

「下方修正リスクが大きい」「すでに下方修正をしたがあまりにも業績が悲惨」「大手顧客とのビジネスの契約が切れてピンチになった」「海外から巨大なライバルが日本へ進出してきた」「粉飾決算の疑いで東京地検特捜部や証券取引等監視委員会による捜査が入った」「債務超過に陥った」「事業継続疑義の注記がついた」……などのもろもろの致命的な現象

が起こっているはずだ。

## 下落すればするほどさらに下落する

先ほど「新高値」銘柄ではプロのディーラーや個人のデイトレーダーが買いの対象にするため、上がっていく銘柄はさらに上がりやすいと述べた。「新安値」銘柄ではその逆の現象が起こる。ディーラーやデイトレーダーは、こういう銘柄をチャンスとばかりに売ってくるのだ。

要するに「下がれば下がるほど、さらに下がる」というスパイラル的下落が連綿と続くことを見越してこういう投資行動を取ってくる。まさに真の「下落トレンド」が形成され、そのトレンドは続くのだ。

先ほどと反対のことを言うが、普通の感覚で新安値銘柄のチャートを見ると、「もうこれだけ下がったのだから、下がり過ぎだ。そろそろこのあたりから上がるだろう」と思ってしまうものだ。そして、こうした銘柄に買いが仕掛けられることが多い。しかし、これもやってはいけないことである。

「ここがボトムだ」と思って買い注文を出しても、その結果はすぐに「含み損」となることがほぼ確実である。こういう銘柄は急激に下がりながら、途中どこかでピクリと反発する局面があるが、それを錯覚してしまうのがこうした買いの背景にある。だから、わざわざ条件の悪い銘柄を選んで「買う」という「損をするための投資」をおこなってはいけない。

ところで、急落する銘柄もある時から急激に反発して力強い上昇を描くことがある。これは、先ほど述べた「ここがボトムだ」の投資家が入ってきているというよりも、株価の上昇によってカラ売りを仕掛けていた投資家たちが一斉に利益確定のための買い戻しをおこなっていることが多い。信用の売り残が異様に大きくなっている場合など典型的な例である。上昇銘柄が上がり始めたので損失確定のための「買い戻し」が入る「踏み上げ」とはちょっと違う現象である。あまりに上昇すると含み益が減少する、あるいは損失が発生することから、売り方の買い戻しエネルギーは大きく高まる。

## 最悪の場合は倒産や上場廃止も

新安値の理由が「下方修正リスクが大きい」「すでに下方修正をしたが、あまりにも業績が悲惨」「大手顧客とのビジネスの契約が切れてピンチになった」「海外から巨大なライバルが日本へ進出してきた」くらいのレベルであれば、株価が高値から半分や3分の1くらいになったところで下落が止まることが多い。

その一方、「粉飾決算の疑いで東京地検特捜部や証券取引等監視委員会による捜査が入った」「債務超過に陥った」「事業継続疑義の注記がついた」……といったクラスの理由になればかなり危ない。

危ないというのは、要するに企業が倒産したり、上場廃止になってしまうリスクである。カラ売りしている投資家からすれば、まさに最高の結末。買い戻しコストがほとんどかからず、大きな利益を手に入れることができる。「危ない会社は、売らなければならない」という狙いが的確にヒットしたことになる。

一方、「大底で買った！」と勝手に思い込んでいる投資家にとっては最悪の結果である。倒産や上場廃止のニュースが出ると、その銘柄を保有する投資家全員（大株主であるオーナーなどは除く）が一斉に売り注文を出してくる。だが、買い手などいない。

昨日まで1000円の株価だったのに来る日も来る日も「ストップ安売り気配」のまま商いがなく、1000円くらいになってようやくマネーゲームを楽しむ投機家たちが群がってきて、発行済み株式数の何十％もの株数が約定し、大量に売買されることになる。日によっては大幅に上昇することもあるが、行き着く先は「企業価値ゼロ」のため、1円に向かって価値は下がっていくことになる。

毎年こういう銘柄が何社も出現するが、間違った銘柄の「買い」をやってしまうと、まさに「取り返しがつかない」ことになる。

## 5　ＩＰＯ市場とＩＰＯ銘柄との付き合い方

ＩＰＯ市場は中小型株投資を考えるにあたって、避けることのできない重要な分野である。ＩＰＯマーケットが活況になると、中小型株市場の代名詞のような扱いを受け、注目度が大きくなる。また、個人投資家のブックビルディング（新規公開株の入札）への参加熱も大変高まる。

しかし、長年機関投資家の立場でＩＰＯ市場を観察してきた私としては、個人投資家が抱くイメージとはかなり異なる見解を持っており、投資対象としてのＩＰＯ銘柄は最も難しい分野であると考えている。うかつな投資はおすすめできない。

### 節操のないＩＰＯ市場の現場

新規公開企業をＩＰＯ（Initial Public Offering）企業と株式市場では呼ぶ。そして、ＩＰＯ企業が上場した市場をＩＰＯ市場という。正確に言えば、ＩＰＯ市場という名前の株式市場は存在しないが（ジャスダック、マザーズ、東証2部などの各市場に企業は上場する）、上場したＩＰＯ企業が存在する総称的な呼び名でＩＰＯ市場という言い方がなされる。「2008年のIPO市場は不振を極め……」という表現は、「08年のIPO企業は全体的に不振を極め……」と同じことである。

日本におけるIPO企業の数は07年まで9年連続で100社を超え200社近くの年もあったが（平均151社）、07年の106社を最後に2ケタへ転落。08年にはいきなり49社へと半減し、09年から12年までの4年間は50社未満が続いた。13年に回復に転じて15年からは年間90社前後で推移しているが、IPO市場を取り巻く環境は激変している。

これには2つの大きな要因がある。世界的不況で上場を目指していた企業の業績が悪化し、上場できなくなったケースが大幅に増加していること。そして、それに輪をかけて、IPO企業の市場間競争に反省が入ったことである。

日本にはかつて6つもの新興市場（ジャスダック、マザーズ、ヘラクレス、名証セントレックス、福岡Qボード、札幌アンビシャス）があり、それぞれがIPO企業の獲得競争に走っていた。通常の競争原理では競争はレベルアップの重要な要素であるが、IPO市場では競争すればするほど上場企業のレベルが下がってしまったのである。

実績値としての数を追い求めてきた結果、お粗末な企業もどんどん上場させたのである。そもそもIPO市場の運営能力がないにもかかわらず、無理矢理IPO銘柄の数の獲得に走った名証セントレックス、福岡Qボード、札幌アンビシャス市場がそれを象徴しており、これら3市場はほとんど死に体と化してしまった。

だが、これはむしろ歓迎すべきことである。なぜならば、特にIPO企業のクオリティーが劣化していた06年、07年はとんでもない企業のオンパレードだったからだ。

当時私はファンド・マネジャーとして中小型株の運用に携わっており、IPOのロードショーで社長が出てこない会社、ビジネスモデルの説明すらできない会社、収益基盤が全くない会社、ベンチャーキャピタル企業がゴリ押しで上場させた会社など、パブリックの「パ」の字もない企業との取材ミーティングに連日うんざりしていた。

だから、メディアがIPO市場を過度な期待値で持ち上げ、個人投資家たちがこぞってブックビルディングに参加する図は全く理解できなかった。

その後、東証と大証の合併によりヘラクレスがジャスダックに統合された。随分と無駄な競争が減ったように思う。

## IPO市場には逆相関関係が存在

低迷するIPOの現状を悲観すべきだろうか？　これまでのIPO市場を見れば明らかなように、IPO企業数の多い年ほどクオリティーの低い企業が紛れ込むケースが増え、その後の株価が坂道を転がり落ちる企業が続出する。

相場環境が良くても悪くても年間に投資に値する企業の数はせいぜい10～20社程度に過ぎず、IPOの企業が増えれば増えるほど投資に値する企業が増えるという状況は、ついぞお目にかかったことはない。

したがって、極論を言えば投資家にとってＩＰＯ企業の数が２００社であろうが、50社であろうが、あまり意味のないことである。むしろ、今のような状況では厳しい事業環境と上場審査を経て株式上場を果たす優良企業の割合が増える。すなわち、ＩＰＯ企業数と投資クオリティーは逆相関関係が存在するのである。

## 「幻想価格」よりも「現実価格」に支配されるＩＰＯ市場

ＩＰＯ企業がどれだけの資金を調達できるのか決められるのが、公募価格である。そして、上場日に初値がついた時点で、ＩＰＯ企業は第1段階としての企業価値の評価を投資家から受ける。しかし、それはほとんど「幻想価格」といってよい。

多くの場合、企業の持つ本来の実力が正当に測られることはなく、ベストシナリオでの「将来性」が先行して価格形成されるからである。「株式投資とは、そもそも将来性を買うことではないか」と反論されるかもしれない。だが、ＩＰＯならではの毎度お決まりのパターンの「無謀な評価」が問題なのである。

株式市場の平均ＰＥＲが20倍以下なのにもかかわらず、初値価格が公募価格を大幅に上回りＰＥＲが50倍を超えることも珍しくない。50倍という評価がつけば、投資家はその企業に対して多額のプレミアムを払っていることになる。そして、その後成長していく過程において、とんでもない利益成長が実現されない限り、50倍が維持されることはなく、株価水準は切り下がっていく。

最初の株価が「幻想価格」、初値から時間が経過した後の評価を「現実価格」と名付けるとすると、適正な成長をする企業であっても、過度な「幻想価格」は「現実価格」にとって大敵となる。そして、パブリック企業にふさわしくない企業にも不当な「幻想価格」がつき、その後利益が大幅に急減、あるいは赤字転落となれば「現実価格」のパフォーマンスは壊滅的となる。

「幻想価格」が高ければ高いほど得をするのは企業、IPO時の株主、そして公募に当たった一部の幸運な投資家だけであり、出発点たる初値が好パフォーマンスで始まったと議論していても仕方がない。

## IPO投資の心構え

IPO企業に安易に飛びついて投資をするのは、非常に危険である。IPO企業の多くが右肩下がりのチャートを描くのは、「幻想価格」に支配されているからだ。

もちろん、幻想価格を狙ってIPO銘柄の公募増資に応募する（プライマリー市場）のであれば、ほとんどのケースが上昇するため問題ないが、競争倍率は通常100倍以上であり、新株を手に入れることはほとんど望み薄である。大半の投資家は上場後のセカンダリー市場からのエントリーとなる。すなわち幻想価格と向き合わねばならないのだ。

したがって、そういうタイミングは避けて、1年くらい経過して株価が半値以下になったところで、「現実価格」の評価をおこなってみるというのがおすすめである。IPO銘柄へ投資する際の注意点をまとめてみよう。

①目論見書を精読する。特にリスクファクターには注意を払う

IPO銘柄への投資において目論見書は必読。どんな事業をおこなっている企業なのか、成長の高いビジネスをおこなっているか、過去の業績の推移は健全であったのか、経営陣の経歴はまともか、どんなリスク要因があるのかなどを、まずは知らねばならない。

②赤字や利益変動の激しい企業は避ける

営業利益が赤字になっていたり、年ごとの利益の変動が激しい企業は、投資対象には不向きである。ビジネスに安定性がなく、事業基盤が脆弱であることの証左だからだ。そういう企業の株価のボラティリティは非常に大きく、投資家は損失を被りやすい。

③株主にベンチャーキャピタルが名を連ねている場合は避ける

目論見書の株主名簿をチェックしよう。ベンチャーキャピタル会社やそのファンドが、

大株主として名を連ねている企業の場合は要注意だ。経営者の経営裁量権が極端に小さくなり、まともな経営がやりにくくなっている上に、まだ企業として未熟な状況にあるにもかかわらず、ベンチャーキャピタル会社主導で上場してくるケースが多いからだ。

ベンチャーキャピタル会社の目的はＩＰＯによって保有株式を売却し、投下資本の回収をおこなうことなので、彼らの都合が最優先されるのだ。

④ＩＰＯの目的が合理的に説明されているか

「なぜ上場するのか？」という理由がハッキリしない企業が多い。よくあるケースが上場することによって創業者利益を確定することであり、「上場」＝「ゴール」という位置付けになっていることである。そういう企業はＩＰＯで所期の目的を果たしたのだから、後は凋落していくだけである。

⑤ＩＲ活動に真面目に取り組んでいるか

「上場すること」＝「パブリック企業になること」＝「社会的説明責任を果たすこと」の等式が成り立つ。この社会的説明責任を果たす場がＩＲ活動である。

経営トップが決算説明会や投資家説明会、アナリストや機関投資家の取材において積極的に受け答えをしなければならない。市場との対話をしたくないという経営トップは非常に多いが、このようなパブリックとしての存在を放棄している企業への投資はやめた方がよい。

⑥PERが50倍以上の場合、割高の可能性あり

成長企業であっても割高な株価で投資をすれば、リターンはマイナスになってしまう。PERが50倍以上の場合は現在の成長力がまだまだ続くというコンセンサスが成立している下に株価形成がおこなわれているので、それが崩れた場合の株価下落は著しい。株価のバリュエーションのチェックは、必ずおこなうこと。

⑦時価総額は小さすぎないか？　50億円未満は売買が難しくなる

時価総額＝株価×発行済み株式数。上場した当初は非常に売買高が多いため、売り／買いが簡単におこなえるが、時価総額が50億円未満の場合は3カ月以上経過すると途端に売買高が細り、流動性がなくなってしまう。手持ちの株を自分の望む値段で売れなくなるリスクが高まるため、あまりにも時価総額の小さい銘柄は投資対象にしてはならない。

## 6 成長株投資における要諦——間違った投資をしないために

成長株はIPO銘柄と同様に、中小型株投資を考えるにあたって重要な分野である。まだ規模の小さい中小企業の銘柄が中長期的に成長すれば、当然株価のリターンも大きくなる。成長株を発掘するためのポイント、および気をつけなければならないポイントについて考えてみよう。

成長株は「成長力」をテコに高いバリュエーションを追求していくので、その成長シナリオが崩れた場合には、株価が急落するという欠点がある。

成長株とは、景気敏感株の対極に位置する銘柄群である。景気敏感株（鉄鋼、機械、電機・半導体、自動車、造船、化学、紙パルプなど）が景気の動向によって業績が良くなったり悪くなったりを繰り返すのに対して、成長株は景況感に左右される面が少なく、時間の経過とともに業績が拡大するタイプの銘柄である。もちろん、世の中が不況になると成長株といえども業績的には不振に陥ることがあるが、小売り、サービス、IT関連銘柄に多く存在する成長株は、まだ事業規模が小さい段階では景気動向の影響は小さく、時間の経過とともに成長していく過程にあり、利益成長とともに株価の上昇が期待される。

いわゆる中小型株の分野に属する多くの企業は「成長株」銘柄が多い。ボトムアップリサーチ（企業取材をおこない投資対象を選別する方法）を主体とする中小型株投信のファンドに組み入れられている銘柄は「成長株」がメインである。

成長株を発掘するための投資視点はいろいろと存在するが、カナメとなるポイントを考えてみよう。

## 成長株に投資できる期間

非常に長期で利益成長を実現する企業ならば、5年あるいは10年単位での保有も可能であるが、ほとんどの場合はその間に「成長株」のポジションから脱落する。

これまで私が30年にわたって中小型株を調査してきた限り、業績的にも株価的にも3年間完璧な右肩上がりを描けば良い方であり、実に多くの企業が3年足らずで脱落していく。したがって、「3年間」が一つの限界ゾーンであることを心得ておく必要がある。

長期投資でずっと放ったらかしでは、せっかく一時は大きく積み上げたパフォーマンスを吐き出してしまう局面に遭遇する可能性が高い。

例外もある。それはコンビニが旧来のパパママ業態を40年以上にもわたって食っていったセブン-イレブン・ジャパンや、北関東の小規模家電量販店が全国制覇を遂げたヤマダ電機、生産と流通の一貫体制を構築し、次々にヒット商品を飛ばしながら業界の最先端を走り店舗数をどんどん増やしていったファーストリテイリングなどは10年、20年といった長期間において大きな増収・増益を実現してきた企業であり、時価総額も30倍、50倍、あるいはそれ以上に増加している。しかし、これらは本当にレアケースであり、成長株全部にこのような成長ストーリーを求めるのは無理がある。

したがって、投資の賞味期限はまず「3年間」と認識しておけばよいだろう。

## 成長産業における勝ち組企業か？——純粋型成長株

時代とともに成長する産業は変わっていく。今から50年くらい前は鉄鋼・造船が花形企業で学生の就職人気でも不動の地位にあった。商社が飛躍していた時代もあったし、半導体が成長していた時代もあった。

しかし、今やこれらの産業は決して成長産業とは呼べない。それぞれの時代において急激にその必要性が高まり成長する局面があったというのが正しい言い方だろう。

今の時代の成長産業とは、何であろうか？　ＩＴ産業や環境関連ビジネスがその代表格と言えるが、こうした成長産業に属する企業は「成長株」として注目されやすく、投資の対象として魅力的だと考えられている。

市場自体が大きく成長しており、その中で利益を伸ばしている企業を「純粋型成長株」と呼ぶことにしよう。いわゆる外部環境も個別企業も伸びているというものである。

ここで重要なのは、業界全体の平均成長率よりも個別企業の業績の方が伸びているものを探し出さねばならない点である。さもなければ、伸びている業界の中の負け組企業に投資することになるからだ。

したがって、企業を選び出す際に「明確な差別化戦略を持ち、トップシェアを誇っている（あるいは、他社シェアを食っている）」という条件が必要となってくる。

市場の成長率が10％であれば、少なくともそれよりも10％上回って20％以上の利益成長性を実現している企業、市場の成長率が20％であれば、少なくともそれよりも10％上回って30％以上の利益成長性を実現している企業、というのが投資対象として望ましい。

成長産業における勝ち組企業の株価の評価の受け方は、PERで見るとプレミアムがつく（市場平均よりも高く買われる）という傾向があり、それだけ株価の上昇力が強い傾向が出る。

**産業自体は伸びていないが、成長している企業——抜け駆け型成長株**

日本で成長している産業は非常に少ない。その多くが成熟しているか景気循環とともに良くなったり悪くなったりを繰り返しているだけである。しかし、だからといって成長性のない産業にはつまらない企業ばかりか、というとそうではない。

実は最も多くの成長株がこのタイプに該当する。いわゆる属している産業自体は伸びていないが、その中において、あるビジネスファクターを強烈に差別化することによってシェアを伸ばし、同業他社がうらやむ成長をしている企業群である。こうした企業を「抜け駆け型成長株」と呼ぶことにしよう。

一例を挙げれば、外食産業はもはや伸びない分野となっているが、その中においてゼンショーホールディングスは積極的出店やM&Aによって成長を続けている。今や売上高では日本マクドナルドを大きく抜き去ってトップ企業となっている。

市場の成長率が0%であれば、少なくともそれよりも10%上回って10%以上の利益成長性を実現している企業、というのが投資対象として望ましい。そういう企業は成熟産業における同業他社に比較して、間違いなく高い株価評価を受け、PERで見ると純粋型成長株と同じようにプレミアムがつく。

## 増収増益の中身を点検せよ――営業利益率のトレンドを読む

タイプ別に見ると、成長株には前に述べた2つのタイプが存在するが、その「成長株としてのクオリティー」を測る非常に強力な尺度があるので紹介しよう。それは営業利益率のトレンドを見ることである。

営業利益率とは企業の本業の儲けを示す営業利益を売上高で割ったもので、本業の儲けの効率性を知ることができる。売上高が100億円、営業利益が10億円の企業の営業利益率は10÷100＝10％となる。

この企業が翌年に売上高120億円（20％増収）、営業利益が12億円（20％増益）であれば営業利益率は12÷120＝10％なので変化はないが、売上高120億円（20％増収）で営業利益が14・4億円（44％増益）になっていれば営業利益率は14・4÷120＝12％となり、収益の効率性は大きく改善したことになる。

こうした場合、従来の株価評価よりもより高い評価を受ける（すなわち、株価が上昇する）ことになる。反対に、売上高120億円（20％増収）で営業利益が11億円（10％増益）であれば営業利益率は11÷120＝9・2％となり、収益の効率性は悪化したことになる。このケースは増収増益であるにもかかわらず株価評価は下がり、確実に株が売られる要因となる。

したがって、増収増益といえども営業利益率が悪化する場合は「成長株」にとっては危険サインと見なければならない。にもかかわらず、とにかく増収増益を続けている限り、「良い経営だ」と考えている経営者は非常に多く、増収に見合わない増益が株価にとってマイナスであることを認識していないのである。

だから、そういう点に無頓着な経営者は特に機関投資家からは評価されておらず、「どうして増益なのにうちの株価は下がるのか？」とぼやく社長が多い。増収増益でも、営業利益率が改善する（すなわち増収率を増益率が上回る）ことが株価上昇の条件となる。

もちろん、ビジネスの業態や産業によって企業ごとの営業利益率は大きく異なる。売上高がやたらに大きい商社の営業利益率は薄利多売のため非常に小さく、ＩＴ産業では大きな売上高を伴わず営業利益率が高い企業が多い。

異なる業態・産業を比較して営業利益率が高い方が、株価が高いということにはならない。あくまでも、その企業の過去・現在・未来の比較における営業利益率のトレンドがどうか、という視点が重要となる。

## 経営者は分相応の経営者か

「分相応」とは、その企業にふさわしいことをしているかどうか、という点である。本業が社長であるにもかかわらず、経営に邁進することなく社長業以外のことに時間を割きはじめるのは、明らかに悪い傾向である。

ホリエモンこと元ライブドア社長の堀江貴文氏は、どんどん本業から外れメディアで目立つために選挙活動までおこなった。

本業を放り出して政治家になる——。どう考えても常識のある経営者のやることではないだろう。だが、株価は上昇していた。当時の投資家も本当にバカだったと思う。

一方、「社会貢献のために」と称して、ボランティア活動や寄付活動などをやることは悪いことではないが、度が過ぎると非常に危険である。

また、週刊誌を賑わせるような経営者を単なるゴシップで片付けてはいけない。軽井沢の巨大な別荘に何台もの高級外車を並べて写真を撮らせていた、元グッドウィル・グループ会長の折口雅博氏は、最後は借金をしてまで自社株を大量に保有し、倒産とともにすべてを失った。上場してたった10年のことであった。

異性とのゴシップが大々的に報じられる経営者もよく見かけるが、多くの場合、本人に対する社会の風当たりが強まり、その企業の業績も低迷していった。いやはや……である。

## 7　上昇相場ではバリュエーションを拡大するのを楽しもう

### 相場は常に動いている

まさに初期のアベノミクス相場の上昇局面が、格好の材料になるだろう。

本格的な上昇相場になると、日経平均やＴＯＰＩＸという相場全体を表す株価の推移は小さな下落を挟みながら、上昇曲線のトレンドを描いていくことになるが、個別の銘柄の上昇トレンドは相場全体のトレンドほどきれいな上昇曲線を描くことは少ない。

1カ月は急激に上がったとしても、それから3カ月はほぼ横ばいとなり、次の1カ月は下落が続き、また再び力強く上昇するというようなダイナミックな動きをすることが多い。

これは当然のことである。マーケットの銘柄は常に相対比較で動く性質があるため、「不動産セクター」の銘柄がいったん買い上げられると、次にその関連の「土木・建設」が買われ、そこから波及して「橋梁・鉄鋼」が買われ、そして円安が進んでいくので「自動車・機械」が注目され、その間はデメリットを受ける「小売・衣料品」が売られ……という感じで売買の対象が変化していく。

また大型株、小型株という対比でも資金の流れが起こる。「NYダウが下がったから、今日は日経平均が下げそうだ。じゃあ、日経平均とは関係のない新興銘柄を買おう」ということになり、日経平均は2%下落したのに、日経ジャスダック平均株価や東証マザーズ指数が3%上昇するということはよくあることである。逆に、大型株が大きく買われる時は、小型株が売られるということも起こりやすい。

まさに相場は常に動いており、循環物色されるので、そういう意味でもポートフォリオの基本である「分散投資」が大事だということがわかるだろう。まんべんなく上昇メリットを受ける必要があるのだ。

## 上昇相場ではＰＥＲもＰＢＲも拡大する

ＰＥＲとＰＢＲの計算方法はすでに述べたとおりであるが、ここでは予想される株価の計算をするための式を見てみよう。

株価＝ＥＰＳ（1株当たり純利益）×ＰＥＲ
株価＝ＢＰＳ（1株当たり純資産）×ＰＢＲ

ＥＰＳを用いてもＢＰＳを用いても株価の計算が可能である。

株価上昇局面、すなわち景気回復・景気拡大局面においては、企業のＥＰＳやＢＰＳは増加する。好況で収益が上がれば、1株当たり純利益は年々増加するのは当然であるし、内部留保としてのストック利益である1株当たり純資産もそれに伴って増加する。したがって、この式の変数の片側のＥＰＳおよびＢＰＳが増加することによって、株価は押し上げられることになる。

ところが、この効果に加えて上昇局面で大事なことはもう一つの変数であるＰＥＲやＰＢＲも増加する（上昇する）ことである。したがって、上昇局面では2つの変数の増加の相乗効果によって株価が押し上げられているのである。

ちなみに図表20はリーマン・ショックによる急落からどん底、そしてアベノミクス相場

［図表20］ 日経平均株価とEPS、PERの推移

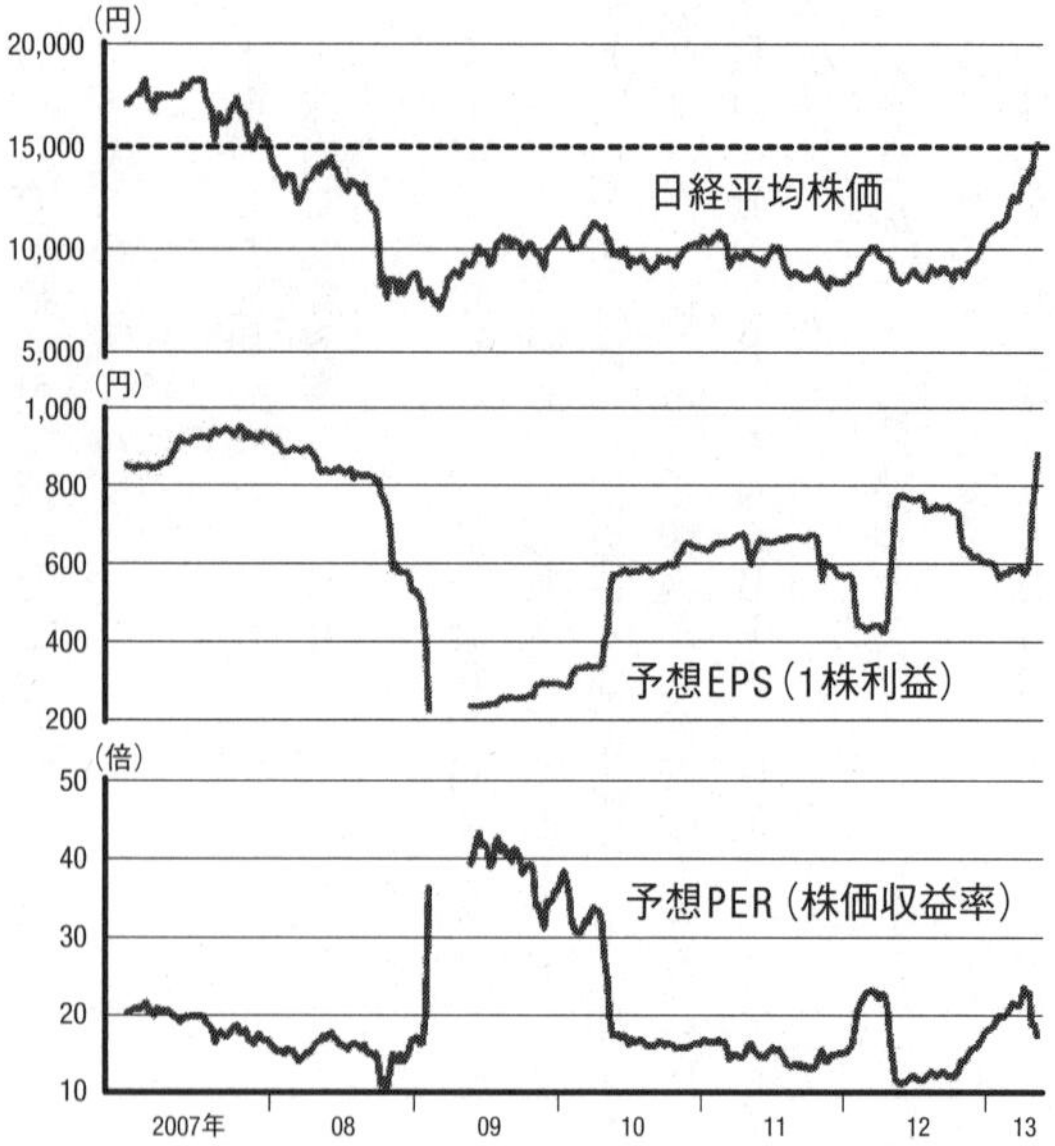


（注）週足、日経予想ベース、PERが50倍を超えていた09年2〜5月は除く

（出所：日本経済新聞電子版 2013年5月15日付）

［図表21］ PBRの推移

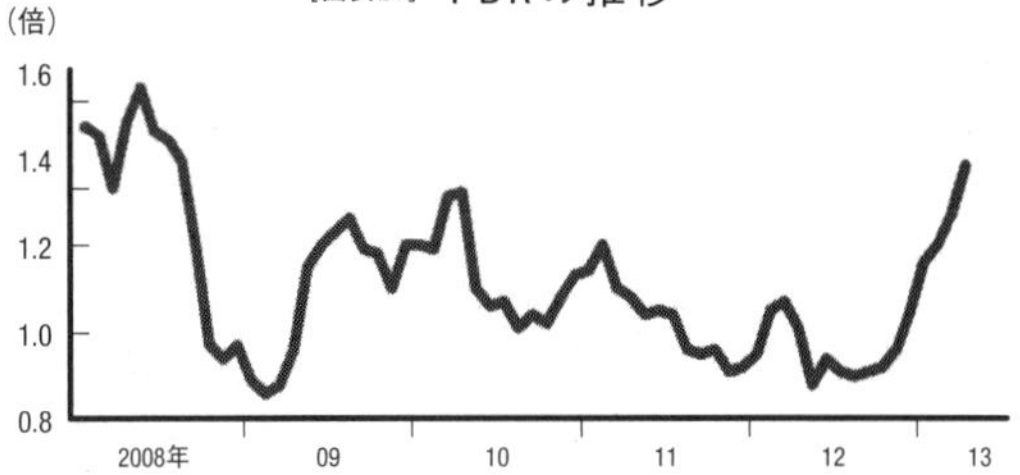


PBRは金融危機前の水準を回復
(東証1部、月末値。2013年4月は17日時点)

(出所：日本経済新聞2013年4月18日付)

へと劇的に動いた日経平均におけるEPSとPERの関係を見たものである。

ちょっと注意しないといけないのは2008年から09年にかけて、株価が落ち込んでいるにもかかわらず、PERが上昇している点である。これはEPSが下がり過ぎたため、見かけ上のPERが上昇し、割高感が出ていたことを示す。だが、12年後半からの本格的上昇相場ではPERが上昇しながら、株価も上昇している傾向がはっきりと見て取れる。

もう一つがPBRの推移である（図表21）。先ほどの日経平均株価のチャートと併せて見ると、株価上昇時はPBRが上昇し、株価下落時はPBRが低下していることがわかる。

### バリュエーションの拡大を使って予想株価を計算

マーケット関係者のコンセンサスとして「PERは15倍が妥当だ」「PBRは1・2倍が適正だ」と言っている時期があるとしよう。まだこれからEPSもBPSも増えるとすれば、「PER15倍、PBR1・2倍ではなく、今後さらにバリュエーションに対する許容度は上がっていく」という表現になっていく。すなわち、PERもPBRも上昇することによって株価は押し上げられるということである。

東日本大震災が起こって景気が低迷し、アベノミクス相場が始まる前の2012年頃はPER11倍、PBR0・9倍という状況に置かれていたが、その後の本格的上昇で2013年にはPER16倍、PBR1・4倍のレベルにまで拡大した。

ちなみに2013年5月24日における日経平均株価は1万4612円であり、PERは16・2倍、PBRは1・4倍である。ここからEPSとBPSを求めてみよう。

EPS＝株価÷PERなので1万4612÷16・2＝902円
BPS＝株価÷PBRなので1万4612÷1・4＝1万437円

となる。円安により今期の企業収益が現在予想の902円から20%押し上げられて1082円となれば、日経平均株価は1万4612円×1・2倍＝1万7534円までの上昇余地が生じる。加えてバリュエーションの拡大で、ＰＥＲは16倍ではなく18倍までは許容してもいいよね、ということになれば１万７５３４円でとどまらずに18÷16＝１・１２５倍という係数がかかることになり、１万９７２６円となる。ものすごい効果だ。

上昇局面ではまさにバリュエーションの拡大こそ、運用資産を増やすための大事なエンジンとなることを知ってほしい。

実際、その後の状況を検証してみると、２０１８年10月２日終値ベースでのアベノミクス相場の最高値２万４２７０円では、ＰＥＲ13・９倍、ＰＢＲ１・３倍、ＥＰＳ１７３９円、ＢＰＳ１万８８１４円という結果となっている。ＰＥＲもＰＢＲも縮小しているように見えるが、これは企業収益拡大のスピードにもはやマーケットが追いついていけなくなっていたからである。

## 8　利益確定を戦略的に実行する——含み益は確定して初めて利益となる

### どこで売ればいいのか？

「含み益」は利益確定するまで「利益」にあらず——。すでに第２章の「リスク管理」で述べたとおりである。

しからば、いつ、どこで売ればいいのか？

これは買う時よりも難しい質問である。なぜならば、「将来のことはわからない」からだ。投資家にできるのは「損失管理」による損失のコントロールだけであり、これは事前に決めることができ、当初見込みと大きなずれはおこらない。しかし、利益の方はわからない。意外に早く上昇が終わるかもしれないし、過熱を伴って予想もしないような利益につながることもある。言えることは利益の方はできる限り、伸ばす工夫をしておくということである。

そこで、思い出してほしいのが第2章でも触れた逆指値による「利益確定」である。逆指値の最初の役割は「マイナス10％」などで損失を限定するためのものであるが、含み益が出てくれれば、逆指値位置を上げることによって、「利益確定」逆指値に変身する。ちょっとの株価の変動で「早すぎる利益確定」とならないように、現在値から見た逆指値の位置を少なくとも10％程度下に離しておくことが望ましい。

例えば、株価1000円で投資して、現在1210円になっていれば逆指値の位置を1100円にする（この場合は1210÷1100なので10％の幅をもたせている）ということである。同様の計算でいけば、1500円になれば1360円程度に、1800円になれば1640円程度となる。2000円ならば1820円程度だ。

もっとも避けたいのが、「勘」に頼った利益確定である。利益確定のタイミングが、どうしても早すぎることの方が多くなる。「もっと保有しておけばよかった」と悔やんでみても始まらない。人間の一般的な思考・行動としての「利益は小さく確定してしまい、損失は大きくなっても放置する」にはまり込まないようにしたい。

それともう一つ言いたいことがある。それは誰も本当の「高値」では売れないし、本当の「安値」では買えないということだ。それを狙って売買しても、高値で売ったつもりが、その後どんどん高値が更新され、底値で買ったつもりが、その後株価はどんどん下がる可能性がある。

株価が高値を付けて下がり始めたところを確認して売る、株価が安値を付けて上がり始めたところを確認して買う、というのが逆指値注文の優れたところである。ただし、これとて万能というわけにはいかない。

**利益確定は計画的に**

さらに用意周到な方法がある。それは、利益確定のための逆指値設定において、保有銘柄の手持ち株を全部売却するのではなく、半分ずつ2回に分けたり、3分の1ずつ3回に分けるといった方法である。

現在、株式市場では大幅分割の花盛りである。これは売買単位を小さくすることによって、最少購入金額を引き下げる努力を企業側がしているためであり、個人投資家への配慮である。

例えば1000円の株の最小売買単位が1000株であれば、投資に必要な最低金額は1000円×1000株なので100万円となる。20代や30代くらいの若い人や主婦などの個人投資家にとっては、かなりの高額である。これを2株に分割することで、株価は500円（時価総額は変化なしと仮定）となり、50万円で投資できるようになる。あるいは分割をおこなわず売買単位を1000株から100株に変更すると、1株1000円（時価総額は変更なしと仮定）でも10万円で投資できる。個人投資家にとっても随分と投資しやすくなり、売買が活発になる。

すると、100株単位で投資できる1000円の株価の銘柄に50万円を投資して保有すれば、5回に分けて売却できることになる。

## 上がった分だけ堅実に資金を回収する方法

逆指値の利益確定はこれまで述べたとおりであるが、こまめに分割して売却できる方法を積極的に生かす方法を紹介しよう。それは上がった分だけ売却していく方法であり、この方法だと「利益をコントロール」できる。

わかりやすい例として、1株単位で投資できる1万円の株価の銘柄に100万円を投資して保有してみよう。当初の保有株数は１００株となる。

株価が1万１０００円になれば時価は１１０万円になる。すなわち10万円の含み益ができている。そこでこの10万円に相当する株数９株（含み益の10万円÷現在株価１万１０００円＝９）を売却する。すると、手元に10万円の資金が回収され、手持ちの91株の時価は１００万円となり、投資金額を一定のまま保つことができる。

１万２０００円になれば、含み益は９万円（１万２０００円÷１万１０００円×１００万円－１００万円）となり、この含み益９万円に相当する株数７株（９万円÷現在株価１万２０００円＝７・５。小数点以下切り捨てで７株）を売却すれば、９万円を回収して、手持ち84株の時価は１００・８万円となり、ほぼ投資金額が一定となる。

このようにすれば、仮に株価が２倍の２万円となれば、当初の保有株数は半分の50株となり、相変わらず投資金額は時価ベースで１００万円だが、手元にはすでに回収した資金が約75万円ある。２万円の株価で一気に50株を売却すれば回収できる資金は１００万円だが、１００万円ではなく75万円と減少してしまうのは、２倍になる前の時点でこまめに売却をおこなっているので複利効果が減少しているためである。

とはいえ、これはなかなか優れた手法であり、「堅実」「確実」に投下資本の回収がおこなえる。

一気に売却するタイミングを計るのは、うまくいけばよいがそれだけリスクが高い。一方、ちょっとずつ利益を得るというのは大きな値上がりをした時に利益確保の金額は減るものの、株価が下がるような局面が出てきた場合はリスクを回避することになる。

ベストの利益回収方法というのは残念ながらない。要するにリスクとリターンは「トレードオフ（一方を追求すれば他方が犠牲になる関係）」で成り立っているため、投資家自らが態度を決めなければならない。

# 第5章

# 下落相場で資産を増やすポイント

## 1 下落相場こそ信用取引の活用を考える

本章のテーマは「下落相場」である。上昇相場の後には必ずやって来る。そして、そこで投資家としての成否が決まるといっていいくらい明暗を分ける、大事な大事な局面である。下落相場になっても単なる「バイ・アンド・ホールド」の投資戦略しかないとすれば、これまでの「含み益」はたちまち消滅し、「含み損」の生活が始まる。そうならないようにするための方法論が大事である。

これまでの話の中で「リスク管理の徹底を！」と口が酸っぱくなるほど何度も述べてきたが、「下落相場では逆に株価の下落を味方にする」という発想の転換がないと、運用資産は減少するばかりである。

「買い」が通用しないので、その反対の「売り」が価値を持ってくるというわけだ。そこで「売り」の王道である信用取引から説明をしてみたい。

「小さな資金で大きなリターン」というキャッチフレーズを鵜呑みにして、間違った信用取引をおこなっている個人投資家が後を絶たない。信用取引の評価損益率は、相場が活況の時であっても、ほとんどプラスになることはない、ということがその間違った投資スタンスを端的に物語っている。信用取引の本質は「売り」であり、しかもレバレッジをかけずに、運用資産の範囲内で管理するというベーシックなスタンスを身につけてほしい。

## 「信用取引」と「現物取引」の違い

株式取引には、「現物取引」と「信用取引」がある。購入代金も売却する株式もすべて投資家が保有しているのが「現物取引」（いわゆる普通の取引である）、投資家が証券会社に委託保証金、もしくはその代用の証券を担保として預け、証券会社から株券、あるいはお金を借りて、株式の売り買いをする取引を「信用取引」と言う。証券会社が顧客に信用を供与しておこなう取引であることから、「信用取引」という名前が付けられている。

現物取引では、買い付けた株価と売り付けた株価の差が利益、または損失の額を決定するが、信用取引においては、これらに加えて決済までの間の「評価損益」も重要な取引要件となる。代用有価証券や建玉（ポジションのこと）となっている銘柄の価値が下がると、委託保証金率が低下することにより、追加の委託保証金（追証）を差し入れる必要が生じる可能性が出てくるからだ。

追証が発生する基準は「最低保証金維持率」と呼ばれ、20％と決められており、この水準を下回った場合は追証を差し入れなければならない。しかしながら、追証が発生するような取引はそもそも「負け」が確定している取引なので、そうなる前にきちんと「逆指値」による損失管理をおこなう必要がある。

さらに、これに加えてコストとしての日歩（信用取引をおこなうのに必要な金利のこと）も考慮に入れる必要がある。買い方は証券会社から買付資金を借りているため、その借入額に対して金利を支払う。一方、売り方は証券会社から売却のための株券を借りているものの、売却代金を証券会社に預けているため、それに見合う金利を受け取ることになる。

信用取引の最大の特徴は、レバレッジを利かせられることである。すなわち、「少ない資金で大きな取引」ができる。信用取引は購入代金や株式を借りるため「担保」を差し入れる必要があり、これを「委託保証金」という。そして、建玉代金に対する担保の割合のことを「委託保証金率」と呼ぶ。例えば委託保証金率30％の場合、30万円の担保で１００万円の取引が可能になる。保証金に対して約３倍の取引ができるわけである。

なお、信用取引には２種類ある。一般信用取引と制度信用取引である。一般信用取引とは金利、品貸料および返済期限などを投資家と証券会社との間で自由に決定することができる取引である。対象銘柄は証券会社が規制しているものを除き、ほぼすべての銘柄をカバーする。

一方、制度信用取引は金利、品貸料および返済期限などが証券取引所の規則により一律に決定されている。制度信用取引の返済期限は６カ月と決められており、６カ月を超えて信用取引を継続することはできないのが、大きな特徴である。対象銘柄は証券取引所が決めている銘柄のみである。なお、制度信用取引できる銘柄は信用銘柄と貸借銘柄に分かれている。信用銘柄は信用買いしかできないが、貸借銘柄は信用買いも売りも両方できる。

一般信用取引の取引量は少なく、金利・品貸料のコストは高い。反対に制度信用取引の取引量は多く、コストは安い。したがって、6カ月以内に返済するのであれば、わざわざコストの高い一般信用取引ではなく、制度信用取引が利用されることが圧倒的に多くなる。

## レバレッジができるからといって、レバレッジを使ってはいけない

証券会社が個人投資家に対して、信用取引をすすめる時のセールストークは「少ない資金で、より多くの取引ができる」「大きな取引ができるのでその分リターンも大きくなる」である。なるほど、これは信用取引をおこなって投資銘柄が思いどおりに利益が出ている時には当てはまる状況である。しかし、これが思いどおりにならず株価が反対の方向になってしまうと、「少ない資金で取引をしているにもかかわらず、手元資金に対して分不相応の損失を抱える」ということになる。安易に信用取引を始めてしまう個人投資家の頭にあるのは証券会社のセールストークであり、よもやそれが裏目に出ようとは、ほとんど考

えもしないのである。

したがって、レバレッジをかけることができるといっても、何も自分の資産を超える取引をする必要は全くない。それすらもよくわかっていない個人投資家がいるのには、本当に驚かされる。なぜならば、信用取引のリターンを見るとリスクの大きさは明らかだからである。

信用取引の評価損益率が証券取引所から公表されており、その推移を見ると恐ろしいことがわかる。少ない資金で大きな取引をしている状況にもかかわらず、相場が良くても悪くても信用取引の評価損益率はほとんどマイナスになっているのだ。

すなわち、レバレッジ投資家は最初から「欲を出した投資スタイル」であるが故に、リスク管理に無頓着ということである。これはすなわち「少しの利益が出ると手持ちのポジションを処分したくなり、大きな損失を抱えても含み損のまま保有している」ことを表す。

第2章4の「リスク管理こそ生命線――個人投資家に最も欠けている『投資ルール』を作ろう」の図表15「勝つ投資家vs負ける投資家の利益・損失領域」のように、自分の身の丈を超える投資をしているにもかかわらず「負ける投資家」を確実に演じていることになる。

自分の資産の50％を株式投資に、50％をキャッシュとして運用している投資家ですら

「負ける投資家」の状況はきついのに、自分の資産の100%以上を株式投資に費やして「負ける投資家」になり、大きな損失を抱えてしまえば、マーケットから退場するしかなくなってしまう。そうやって去ってしまった個人投資家の数は膨大である。

## 現物株では「売り」から入れないからこそ、信用取引の「カラ売り」がある

レバレッジをかけないということであれば、「買い」については基本的に現物株だけを対象にすべきである。わざわざ信用取引で日々かかってくる金利コストなどを支払う必要はまるでない。

しかしながら、「売り」になると話が違う。例えばテーマ株など一部の銘柄に多くの投資家が群がることで、その企業の利益水準を大きく超えてしまった過熱銘柄はよく見られる。「どう考えても割高だ」「株価の急騰の反動で急落するに違いない」と考えたとしよう。そうした場合、「下落する局面」においてリターンを上げる方法は現物株には存在しない。下げる局面において「高値で売却し安値で買い戻す」ことがリターンを上げる方法である以上、どうやって高値で売却するのかと言えば、株を借りてくるしかないわけである。そして株を安値で買い戻すことで返済する。これが信用取引の「売り」である。現物取引ではできない技である。したがって、信用取引の本質は、現物株では実行できない「売り」によるリターンを追求するための手段として利用するというのが正しい取り組み

方法である。しかも、レバレッジをかけずにおこなうことが重要である。

## 逆日歩に要注意

信用取引において、買い方の投資資金の融資や売り方の売却株の貸株には、多くの資金や大量の株がいるため、証券会社が全部自社で調達することは不可能であり、調達できない資金や株は証券金融会社から調達している。

通常、信用取引では売り方に貸している株数より買い方に貸している融資の方が上回っており、買い方が購入して預かっている買い付け株券を売り方に無料で貸している。

しかし、株価の動きによってはある銘柄をカラ売りする投資家が急増して、カラ売りする時に貸株が不足すると、証券金融会社が買い方から預かっている株券だけでは売り方に貸すのに不足してしまう。

貸株が不足した場合、証券金融会社では不足した株券をどこかから調達しなければならないので、まだ株を貸せる余裕のある証券会社や銀行、保険会社などから調達してくる。このような形で外部から株券を調達した場合には、株券を貸してくれたところに品貸料を払わなければならない。この品貸料のことを「逆日歩」と呼ぶ。

逆日歩が発生した時は、売り方全員から徴収し、そのお金は買い方を入れた株券の貸し手全員に支払われることになる。逆日歩は何日も続くと、かなりの金額となるので逆日歩の発生には注意する必要がある。

## 「カラ売り」は損失無限大、逆指値の管理が絶対に必要

信用取引の本質は「売り」と言ったが、確信をもって投資をおこなうと同時に逆指値による管理を徹底していなければ、損失は無限大になってしまう恐れがある。

買いの場合は、最悪買った銘柄の価値がゼロになるということで清算が終わるが、売りの場合は株価が2倍、3倍と上昇していけば、その損失は理論的には「無限大」となり、非常に危険な状況に置かれる。したがって、「売り」のポジションを持ったら、必ず「逆指値」を置き、最大損失許容度を決定してしまうことが重要である。

カラ売りしている投資家が、予想とは反対に売った値段より株価が上がってしまい、売った株を高く買い戻すことで、株価が上がっていくことを踏み上げ（踏み上げ相場）と言う。こういった状況になるとカラ売りをしている投資家は、値段に関係なく損失覚悟で買い戻そうとするため、株価は急騰することになる。

## ポートフォリオの中での管理

仮に1000万円の資産を保有し、信用取引1銘柄の売りのポジションを持ったとしよう。100万円の証拠金で300万円の取引ができるとすれば、実質の投資金額は300

万円であり、全体の資産に対して30％の現物株を保有していると認識しなければならない。

実際に差し入れるのは１００万円なので運用資産に対して10％であるが、現実には30％のリスクアセットとなっているからである。もちろん信用取引なので、証拠金に対しては必ずその3倍程度のポジションを持っていることになるのだが、運用資産の中ではレバレッジがかかっておらず、30％の投資ウエートに収まっている。

これがフルレバレッジだと、１０００万円の全資産をまるまる証拠金に充てて、３０００万円の取引をしてしまうことになる。要するに運用資産に対して、３００％の運用をしていることになる。このような運用スタイルは熟練した投資家以外は絶対におこなってはならない。いや、熟練した投資家でも百戦錬磨とはいかず、やがては失敗する時が来る。

## 2　危ない企業を見極める――代表的な10パターン

投資してはいけない企業に投資をして、取り返しのつかない状況に陥る個人投資家が後を絶たない。値動きだけに飛びついて投資をする人、企業の中身を調べもせずに投資する人に多く見受けられるが、きちんとしたプロセスを経て投資している人も、地雷を踏んでしまうことがある。

そこで、「危ない企業」とはどういう企業なのかを見極め、「危険な企業に投資をしないポリシーを確立しよう」を一般的なセオリーとして知ってもらいたいのと同時に、下落相場ではこういう企業こそ投資価値を失い信用取引の「カラ売り」の格好の対象となる。代表的な10パターンを取り上げてみる。

## 1　ビジネスモデルそのものが崩壊

事業環境の急変化で、既存ビジネスの屋台骨にひびの入った企業を「買い」の投資対象にしてはいけない。それは「売り」の対象でしかない。単に季節的要因や期ずれの売上高減少などによる下方修正で業績が悪くなったという企業とは、明確な線引きをしなければならない。

一時的な悪化は時間が経過すれば株価の回復が期待できるが、ビジネスそのものに根本的な崩壊が起これば、株価のダウントレンドは止まらなくなる。バックボーンに致命的な亀裂が入ってしまうと、企業の存続そのものが脅かされることになる。以下のような事象が生じているケースが特徴である。

①シクリカル企業でもないのに、売上高が前年度比10％以上も減少
②顧客との契約の解消や大きな訴訟の発生
③経営者の突然の退任、ＣＦＯ（最高財務責任者）の突然の退任
④事業継続疑義の付いた企業

## 2　甘い見通し、甘い予想

新年度入りすると企業は新しい期の業績計画を発表するが、慎重さに欠ける企業では業績予想が非常に楽観的なことが多い（不況期には、慎重になりすぎて業績予想を過度に保守的にするケースが多くなる）。そして、そのような企業は常に同じ傾向を持っている。すなわち、業績予想の前提に明確な根拠がなく、頻繁に下方修正をおこなう企業は信用できない。何度も同じ愚を繰り返し、企業価値を失っていく。

この背景には、「予想」を「目標」と勘違いしている経営者がいる。背伸びをして頑張るための「社内目標」を「予想」として出すと、未達になるケースが多くなるのは当然のことである。「社内目標」はあくまでも社内目標であり、「予想」は公表している以上、それを発表した時点でマーケットコンセンサスに変化し、投資家の期待値へと変わる。したがって、「必ずできる」というレベルでの前提条件と業績予想数字を出すことが重要なのだが、そういう点を理解していない身勝手な企業は思いのほか多い。

では、見分けるために投資家としてはどうすればよいか。投資をしている企業、および投資をしようと思っている企業の過去3年から5年程度の業績修正の状況をチェックすることである。

いつも上方修正ばかり出す企業（保守的過ぎる）、ほとんど修正を出さず、たまに大幅な上方修正を出す企業（非常に信用できる）、いつも下方修正を出す企業（全く信用ならない）というように、企業によって明確なトレンドをつかめる場合が多く、要チェック項目である。

なお、２０１８年9月28日の日本経済新聞朝刊において『業績予想に「保守」と「野心」過去10期分を分析』という記事があり、２０１７年度までの10年間における上振れ回数、下振れ回数という切り口での企業分析が掲載されている。興味のある方は、日経電子版の検索から閲覧できるので読んでいただきたい。

## 3　事業の間違った多角化

新規事業参入と称して、次々に新たなビジネスを始める企業については、既存ビジネスの行き詰まりを疑ってみる必要がある。Ｍ＆Ａが既存事業の深掘りの意味合いでおこなわれるのならば前向きな評価ができるが、全く手がけたことのない分野に入ろうとするのは危険極まりなく、たいていは大きな代償を支払うことになる。これは多角化ではなく「多悪化」という。

私がこれまでにお目にかかった最もひどいケースは、大証ヘラクレスに上場していたクインランドという企業である。毎月2〜3社のM&Aをおこない、わずか1年間で50社近くもの企業を連結子会社として傘下に収め、そのほとんどがうまくいかずに下方修正を繰り返し、時価総額がピーク時の10分の1にまで落ち込んで、2007年に上場廃止となり、倒産した。

何度か取材ミーティングの機会を持ったことがある社長は、いかにも胡散臭そうな雰囲気であり、会うたびに新規のビジネス分野に手を染め、それを熱く語るのだった。ところが「今度はこの新しいビジネスをやります」といくら社長が言っても、既存のM&Aがちっともうまくいかないものだから、誰も相手にしなくなった。

最近の例では札幌アンビシャス市場のRIZAPグループだろう。もともとは健康食品等の通信販売を手がける健康コーポレーションとして出発。「結果にコミットする」をキャッチフレーズに数カ月で劇的に体型改善を目指すパーソナル・トレーニングジム「RIZAP」事業も急成長を遂げていた。しかしながら、本業とは全く関係のないリフォーム、アパレル、フリーペーパー、CD販売などの企業を次々と買収。一気に業容拡大を目指したもののことごとく足を引っ張り、18年3月期に120億円あった経常利益が翌年の19年3月期には124億円の赤字に転落、株価もピーク時から10分の1まで減少した。外部から経営者を招いて一度は立て直しを図ったものの、創業者との意見の対立から結局うまくいかなかった。

本業とシナジー効果を持たせるためのM&Aは、第４章１の「買う銘柄を選ぶ際の注意点」の２において「魅力的な企業」の例として紹介した。

しかし、本業とのシナジー効果といっても、経営コストを考えない無謀なM&Aは必ず失敗する。子会社が増え過ぎて収拾がつかなくなり、子会社群のクオリティーが次々と悪化し、連結決算も赤字に転落する。スピード経営と称してあまりにも性急なことをやると、必ずその反動が出てくるので注意が必要だ。

## 4　社名変更

ささいなことだが、社名変更は見落とせない重要なポイントである。社名変更をすることで、過去を忘れてもらおうとする企業がたくさんある。しかし、多くの場合、企業劣化に歯止めがかからない。何度も社名変更を繰り返す企業は、経営者がコロコロ代わりビジネスもコロコロ変わり、会社が「箱」として売買されているケースもあり、どんどん腐っていく。

典型的な例が、１９９９年12月に開設された東証マザーズの上場第１号となった、リキッド・オーディオ・ジャパンである。もともとは音楽配信ビジネスが本業であったが、社長が暴力事件で逮捕され反社会的勢力との取引が噂される中、サイバー・ミュージックエンタテインメントと社名を変えることで立て直しを図るが、いつの間にか経営者が代わってホットヨガを手がけるニューディールという会社になった。

だが、ビジネスが立ち行かなくなり四半期報告書が提出できず、株式事務代行委託手数料も払えなくなるという事態に陥り、2009年3月に上場廃止となった。

## 5　株主との利益相反を平気でおこなう企業

安易なMSCBの発行や過剰ファイナンスを実施する企業は、株式市場を理解していない。理不尽なファイナンスがいかに株主利益を損なうかについてわかっていない経営者は多く、証券会社が企業の無知につけ込んで、手数料稼ぎのビジネスをしているケースもあり注意が必要である。

①借入金をファイナンスで返済するケース

ファイナンスは株主からお金が集まり、返さなくてもよい資金のために、「タダ」であると考えている経営者が日本には数多く存在する。また、ファイナンスに投資家のコストがかかっていることを理解していない。したがって、「借入金をファイナンスで返すことが株主にとって良いことである」と思うバカな経営者が出てくる。

②株式の希薄化を考えずにファイナンスをするケース

公募増資および転換社債の発行はともに発行済み株式数の増加によって、１株利益の減少につながる。したがって、その分だけ株価は割高になり株主価値は下がる。その下がった分を埋め合わせることのできるファイナンスかどうかが問われる。設備投資資金やM&A資金と称して集めたお金は、本当にリターンを生み出してくれるのだろうか？

③MSCB発行のケース

通常のCB（転換社債）では、CB発行時より株価が上昇すれば、株に転換してキャピタルゲインを得ることができ、株価が下落しても社債として利子を受け取りつつ満期に全額償還される。

一方、MSCBの方は株価が下落しても、割引価格で株に転換できる。引き受け手は株価下落を利用して儲けることが可能である。したがって、社債としての性格はほとんどなく、企業側はMSCBの資金を返済する必要がなくなってしまう。CBは優良企業が資金調達の手段として使うケースが多いが、MSCBの方はCBを発行できない企業（財務体質が脆弱、株価の上昇が期待できないなど）がおこなうのが目立つ。

そして、この割当先に証券会社が数多く登場していることが問題である。MSCBの発行によって起こる構図は次のように明白である。

すなわち、「証券会社などのMSCBの引き受け手の利益」＝「既存株主の不利益」となる。本来ならば「投資家保護」の立場にいる証券会社が、投資家に不利益を与えることで、膨大な利益を稼いでいる。2009年には不正なMSCBの担い手となったBNPパリバ証券に金融庁から罰則が下ったが、こういうけしからぬことが起こっていることを個人投資家も日頃から注意しておく必要がある。

④無謀な第三者割当増資のケース

この企業も上場廃止となったが、飲食業のサポート事業をおこなっていた東証マザーズ上場のモックが、2007年9月7日に発表した「第三者割当による新株予約権の発行に関するお知らせ」というファイナンスは、想像を絶するひどいものであった。

発行済み株式数が約30倍にもなる大量の新株発行が可能な新株予約権を、特定の一投資家に割り当て（割当先は、2007年5月に設立された香港に所在を置くファンドであり、資本金1香港ドル、従業員数0人の幽霊会社）、新株予約権の発行と行使により59億円の資金を調達した。

同時に10株を1株にする株式併合を実施。これにより、保有株式数が単位株の10株に満たない既存株主の約8割が、株主としての権利を失った。価格は有利発行にあたる1万

5000円だった（07年9月6日終値8万7000円……10株↓1株の併合ベース）。

これは例えて言うならば、自分をこれまで苦労して育ててくれた親を見捨てて、「あんたに大金を出しましょう」と突然現れた縁もゆかりもない赤の他人に抱きついて、自らだけは生き延びようという見苦しい構図である。

上場企業ならば絶対にやってはならないことである。サポーターである既存株主の価値を自らの手でぶち壊して、突然現れたパトロンに「無節操なマネーゲームを心ゆくまでどうぞ！」と言っているのと同じだからである。

## 6　瞬間的好環境に現れる雨後の竹の子企業

株式市場が活況となり、ある相場のテーマ、社会的ブームや流行が起こると、その浮かれた雰囲気に乗って同じカテゴリーに属する企業が続々と上場してくることがある。

浮かれた状況の中で、投資家がリスクを取ることを気にしないうちは、そのような企業が次から次へと上場しても物色の対象になるが、だんだんと中身のない二番煎じ、三番煎じの類似企業が出てくれば非常に危ない状況となる。

過去の例を挙げれば、安易なFCビジネスの総本山であったベンチャー・リンク（その後、C&I Holdingsと社名変更したが上場廃止）から独立した経営者たちの企業群（エフアンドエム、クインランド〈その後上場廃止〉、21LADY、アガスタ〈同上場廃止〉、ガイアックス、プライム・リンク〈同上場廃止〉、リンク・ワン〈同上場廃止〉、セラーテムテクノロジー〈同上場廃止〉、オープンループ〈同上場廃止〉、ユニバーサルソリューションシステムズなど）は、その典型例である。

また、不動産流動化ブームに乗って、２００４年から07年にかけて新興不動産企業がうんざりするほど続々と新規上場したのは記憶に新しい。

さらに、日本にはバイオ技術がまだまだ未成熟な中で、バイオ関連銘柄群（そーせいグループ、メディビックグループ、メディネット、ＬＴＴバイオファーマ〈その後上場廃止〉、エフェクター細胞研究所〈現・ＥＣＩ。同上場廃止〉、ＤＮＡチップ研究所、オンコセラピー・サイエンス、アンジェス、メディシノバなど）がブーム時には続々と登場した。

上場直後からほとんどのバイオ銘柄が業績面で行き詰まり株価は急落した。存続さえも危ぶまれる企業もある。その一方、12年11月からのアベノミクス相場では、脚光を浴びて暴騰する企業も見られる。

「いつまで続くか夢物語？」であるが、物語が終わると株価は急落する。

## 7　ＩＰＯをゴールとする経営者

ＩＰＯ（新規上場）をゴールとする経営者は「買い」の投資対象にしてはいけない。「売り」の対象である。

野心のある経営者は、企業の発展と一攫千金をエネルギーに株式公開を目指す。株式公開に漕ぎ着けるためには、上場前の３年間は安定的に業績を伸ばし、きちんとトラックレコードを残すことが求められる。

そして、上場後に株式市場で高い評価を受けるためには、そのトラックレコードが「成長株」というイメージを作り上げることが必要である。しかし、この期間に無理をして上場時が業績のピークになる企業が多い。

そういう経営者は、株式上場時に保有株の売り出しによる創業者利益の確定ばかり考えている。そして、その目的が達成されると１年も経たないうちに会長職に就き、経営の第一線からすでに片足が出ているケースも見られる。こうなると、もはや本来あるべき経営など望むべくもない。株式公開を一個人の短絡的金儲けの手段にしている企業へ投資すると、とんでもない損失を被ることは肝に銘じておくべきである。

一方、「株式公開＝出発点」とする経営者は、上場時に得られる創業者利益にさほど固執しない。パブリックな企業になる株式公開を出発点と位置づけ、そこからどのように株主資金を生かしつつ企業を成長させるかに大いなる関心を持っている。

このような前向きな企業は、上場後も業績が拡大していく傾向が強いため、上場時の株価がピークになることはなく、投資家も長期的な株価上昇を享受することができる。

## 8　監査法人の交代

監査法人の交代は要注意であり、その企業のバックボーンが健全かどうかを判別する上でのリトマス試験紙になる。バックボーンが健全な企業は、大手監査法人（ＥＹ新日本、トーマツ、あずさ、ＰｗＣあらたの４社）が監査をおこなっており、過去に一度も監査法人の交代がなく一貫して継続した監査を受けている。

中小の監査法人から大手監査法人へと変更する場合がたまに見かけられるが、これはほとんど問題がないケースが多い。企業としても、できる限り大手の監査法人が担当している方が、社会的信用力が上がることを知っているため、経営体力がついてキャッシュフローに余裕が出てくれば、若干コスト高になっても大手監査法人に変更することがある。

ところが、その逆に大手監査法人から中小監査法人へ鞍替えした場合、（すべてではないが）大きな問題を抱えていることがある。すなわち、大手監査法人が彼らの厳格な基準で監査をすると、会社側にボロが出て、会社側がその厳しい基準を拒むことで監査法人側もまともな対応ができなくなり、もっと融通が利く中小の監査法人へと移ってしまうケースである。

通常、監査法人は一度契約を結べば、よほどのことがない限り変更されることはない。継続して契約を結んでいれば、お互いの状況をよく理解することができ、わざわざ変更して一からやり直すということなどしないからである。

ひどい状況になった企業を担当するのは監査法人側もリスクがあるため、監査を拒否することがある。そして、そこに目をつけてまともな監査法人が相手にしなくなった劣悪な企業をターゲットとする「駆け込み寺的」監査法人が存在する。

その好例はウィングパートナーズであろう。不正に手を貸すような監査をおこなったことが明るみに出たため、２００９年に解散に追い込まれた。類似の監査法人は他にも存在する。どんな企業を監査しているのかチェックすることが必要である。

## 9　地方取引所上場企業

地方取引所に新規上場する企業は要注意である。とりわけ名証セントレックス、札幌アンビシャス、福岡Qボード市場は、大手証券がまともに上場させることを躊躇する企業が審査体制の甘い中堅クラス以下の証券会社のサポートで上場しており、パブリックと呼べない企業が多く見受けられる。東京のジャスダックやマザーズ市場と名古屋、札幌、福岡市場は明らかにクオリティーの異なる市場として投資家は見た方がよい。

日本のベンチャー市場は、市場間競争という名の下にＩＰＯ企業をいかに自分の市場で公開させるかという、数をひたすら追う競争に明け暮れてきた。それがＩＰＯ企業の低レベル化につながり、低劣なＩＰＯ企業が次々に上場したのが２００６年〜２００７年であった。「競争すればするほど、レベルが落ちる」という笑止千万の競争であった。典型的な問題をはらんだＩＰＯ企業のタイプを挙げると以下のようになる。

①創業者利益確定のためのゴール上場

「危ない企業」の７番目でも述べたとおり、劣悪な経営者はＩＰＯ時の公募価格にこだわり、できる限り高株価で公開し、創業者利益を巨額にしようと企んでいる。本当に良い会社は公募価格にこだわったりしない。とにかく、公開自体を出発点としてとらえ、そこからいかに成長するかという考え方で経営をおこなっており対照的である。

②ベンチャーキャピタル会社主導の無理やりな上場

ベンチャー企業にお金を出資して、リターンを得ることをビジネスにするベンチャーキャピタル企業は、とにかく投資した資金を回収するために、わずかなチャンスがあれば、お粗末な企業ですら上場させようと虎視眈々である。

③ビジネスモデルすら存在しない箱会社の上場

何をやっているのかわからない、何をやろうとしているのかわからない企業は、単に上場会社という一つの箱として登場してくる。

## 10　自叙伝的出版物を出す会社

最後に、今までとはちょっと異なる視点で「危ない企業」を取り上げてみよう。それは、上場時や大きなファイナンス、M&Aをした後に、創業社長の名前で自叙伝的出版物を出す場合、その後に壊滅的なことが起こるケースが多いということである。「○○企業物語」「経営者○○の挑戦」といった手合いのタイトルが付けられて本が出版されるのだが、その本の出版がその企業のピークとなり、その後の転落を暗示させるケースが非常に目に付くのである。

ここには2つのタイプがある。まずは、株式上場時に「宣伝的」な意味合いで安易に出版するケースである。内容はほとんどその企業側の企画で苦労話や自慢話が満載され、かつ買い取りに近い形で出版されるもの。要するにすばらしい企業だから、すばらしい経営者だからという客観的評価を経た上での一般的な出版物ではないということである。

もう一つが、好業績で身の丈を超えた経営をする企業のトップが調子に乗って出版するものである。一時的なブームや好条件によって瞬間風速的に追い風が吹いていることを知らず、普段は絶対にできない大きなファイナンスやM&Aをおこなった経営者は、「これで天下を取れる！」と錯覚する。その錯覚が本として出版されるのである。

もちろん、トップが自叙伝的出版物を執筆した企業の中にも良い企業はある。世間的な評価が上がれば、それを客観的に評価してくれる人なり出版社なりが勝手に取り上げてくれるものである。

## 3　「上昇スピード」より「下落スピード」の方が速い。一気にバリュエーションが縮小するのを味方につけよう

### 上昇には時間がかかるが下落は一瞬

株式市場における上昇と下落は、決して対称形になっていない。短期的な動きでいえば、ある銘柄の株価が2倍になるために半年かかるとする。そこから悪材料が出て一気に元の価格に戻ってくるまでには1カ月もかからない。上昇には時間がかかるが、下落は一瞬で起こるということだ。もう少し時間軸の長いものを見てみよう（図表22）。

このチャートは、市況の変動の大きい海運セクターの代表的銘柄である商船三井の下落局面にフォーカスした、2013年5月24日までの過去10年間の動きであり、出発点となる2003年5月の株価水準は3800円レベルだった。

これが世界経済の拡大で、海運市況の上昇とともに空前の史上最高利益を上げる過程において07年10月には2万4000円の高値を付けた。株価は実に5・4倍。要した時間は4年5カ月である。

［図表22］　商船三井のチャート

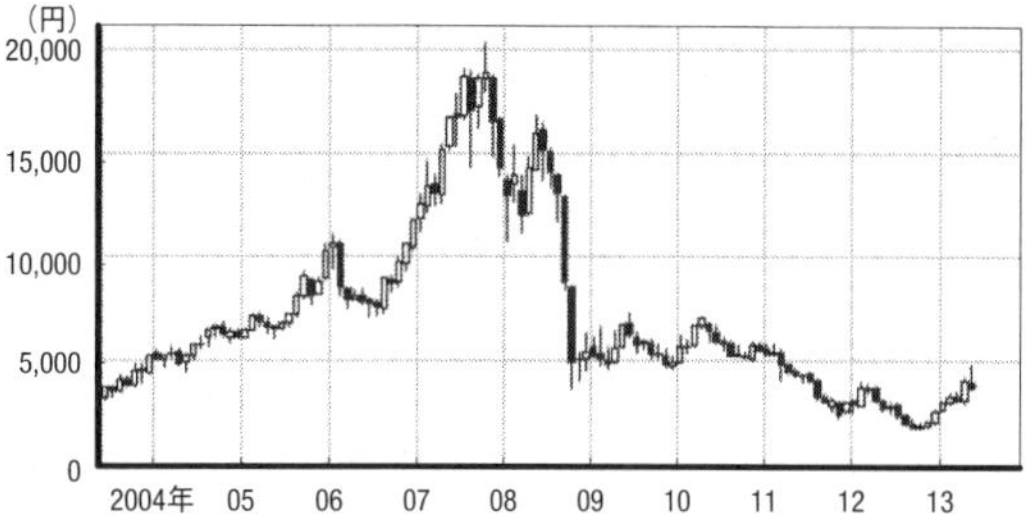


　一方、高値を付けた後の下落を見ると、08年10月には3570円の安値を付けている。この間ちょうど1年間である。すなわち、上昇スピードに比べると下落スピードは4倍強である。急落した後も株価は反発らしい反発をすることができずに低迷している。

　これは個別銘柄でも市場全体でも、同じ傾向が現れる。人間社会においても信用を積み上げるのは時間がかかるが、信用を失うのは一瞬である。それと同じことが株式市場では起こる。

## 上昇局面と同じくらい下落局面は存在する

　本書の冒頭の「はじめに」ですでに書いたように、忘れてはならないのが、日経平均が1989年にピークをつけ、日本経済が成熟期に入ってからの株価形成は、上昇局面と同じくらい下落局面が存在するという事実である。

［図表9］ 過去20年間の日経平均株価の推移

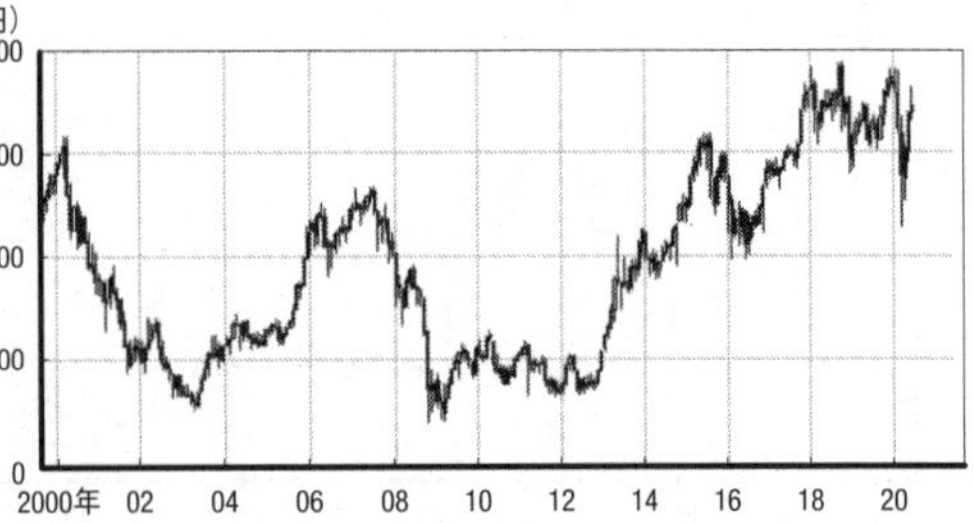


長期投資家として20年間株式市場に付き合うとすれば、20年のうち10年は下落局面と付き合うことを覚悟しなければならない。第2章でも見ていただいた日経平均の過去20年間の動きをもう一度確認してみよう（図表9）。

こうした特徴は、おそらく今後も継続する可能性が高い。なぜならば、日本経済が成熟状態から脱却することは期待薄だからである。

アベノミクスで久々に株式市場に「期待感」が芽生え、2012年11月から2015年頃までは一貫した上昇トレンドとなった。これがずっと継続するのならば第4章で述べた「上昇相場で資産を増やす」投資戦略が非常に大事だが、その後はご存じのように難しい相場に入っている。いずれまたピークをつけて下落トレンドが始まる局面がやって来る。その時には「下落相場で資産を増やす」投資戦略がなければ運用資産が積み上がらない、ということがよくわかるだろう。

## 下落相場ではＰＥＲもＰＢＲも縮小する

上昇局面では、ＰＥＲやＰＢＲといったバリュエーションが拡大することで、株価の上昇力が高められることを述べた。だが下落局面では、全く逆のことが起こる。すなわち、企業の収益力低下に見合った以上の株価の下落を引き起こすバリュエーションの縮小が起こるのである。株価の公式のおさらいである。

株価＝ＥＰＳ（1株当たり純利益）×ＰＥＲ
株価＝ＢＰＳ（1株当たり純資産）×ＰＢＲ

もう一度、第4章で取り上げた図表を見てみよう（図表20）。まずは、ＰＥＲと株価との関係である。

２００７年から08年にかけて日経平均は1万８０００円レベルから急落し、７０００円レベルまで低下。この間、世界経済は減速期にあたり企業収益が悪化している。ＥＰＳが下落することで株価の低下を引き起こしているだけではなく、ＰＥＲ水準が20倍超から10倍まで半分になっている。これがＥＰＳの下落以上の株価低下を引き起こしている元凶で

［図表20］日経平均株価とEPS、PERの推移

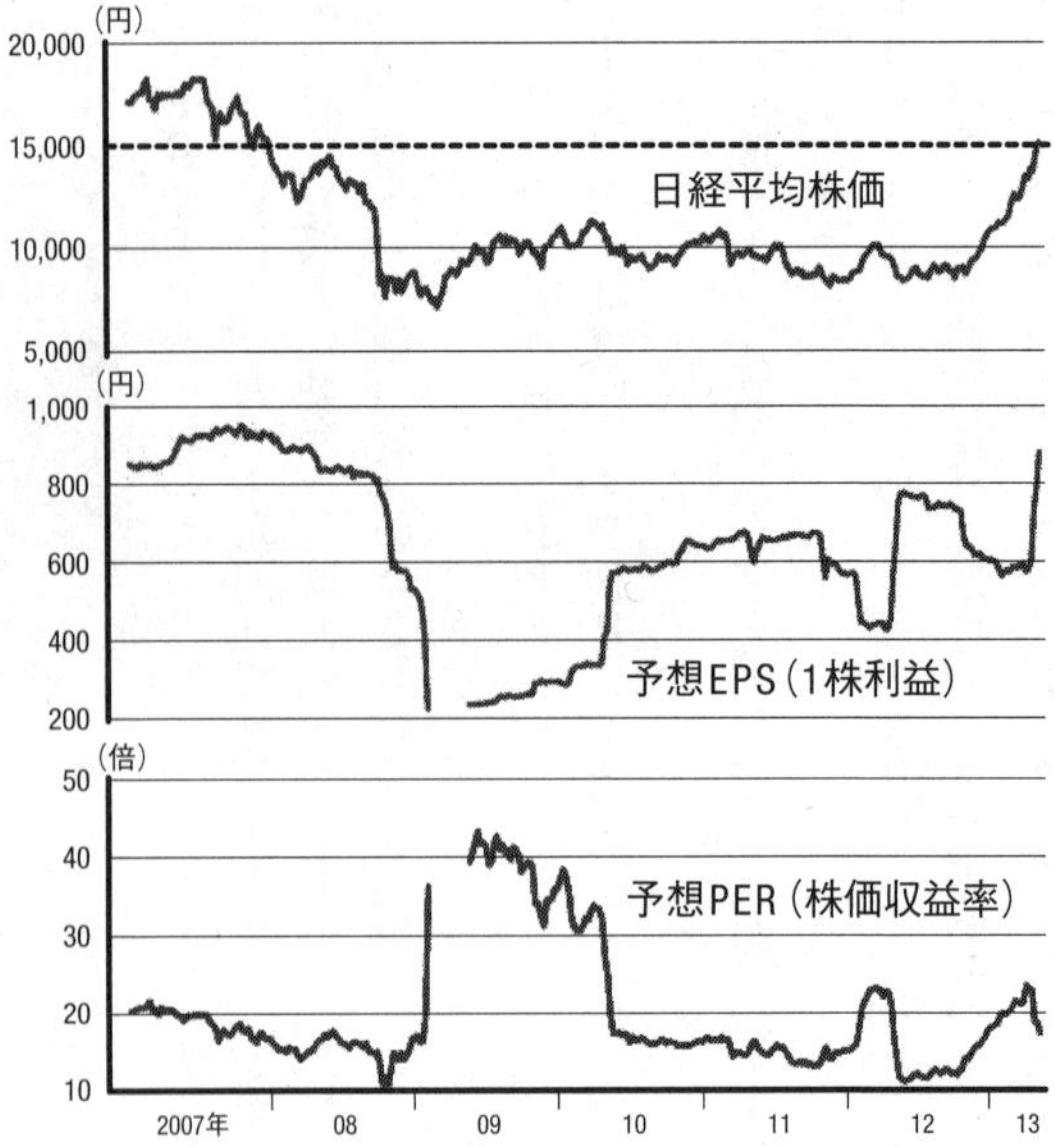


（注）週足、日経予想ベース、PERが50倍を超えていた09年2〜5月は除く

（出所：日本経済新聞電子版 2013年5月15日付）

［図表21］ PBRの推移

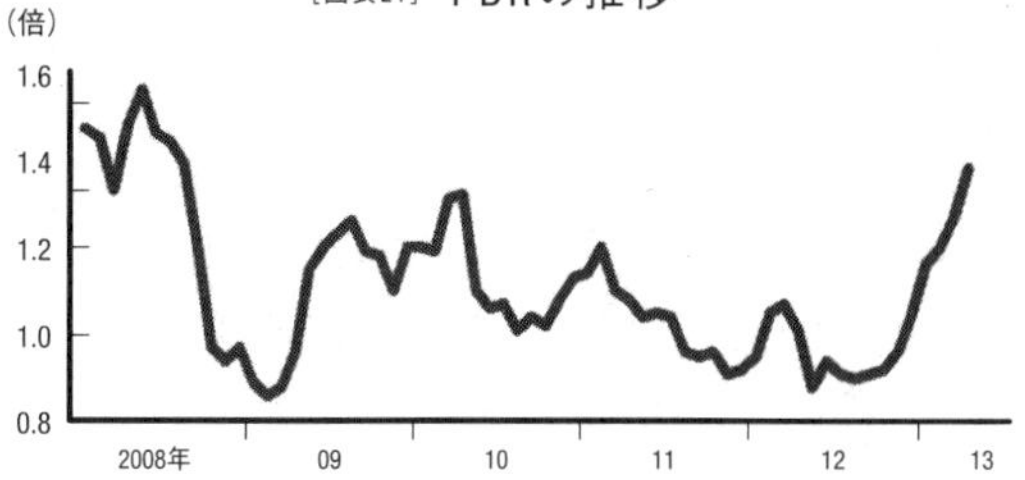


PBRは金融危機前の水準を回復
（東証1部、月末値。2013年4月は17日時点）

（出所：日本経済新聞2013年4月18日付）

ある。

その後、PERが急騰しているのは企業収益が拡大してバリュエーションが拡大するという上昇局面におけるカラクリではなく、あまりにもEPSが急激に下がり過ぎたため、株価に割高感が出てPERが急騰しているのだ。

次に同じ期間のPBRの推移を見ると（図表21）、こちらも1・5倍の水準から0・9倍の水準まで低下している。マーケット環境が良い時は、1・5倍のPBRを許容していたが、マーケットが悪化すると、「解散価値」である1倍を下回る評価まで下がるということである。

### 「下落スピード」の速さを味方につける

下落相場においては、「売り」のポジションは上昇相場における「買い」のポジションよりも短期でパフォーマンスが上がることがわかる。一方、下落局面においても「買い」のポジションを崩さない個人投資家のパフォーマンスは、短期間のうちにこれまで積み上げたものを失うということである。「割安の時は買い」「割高の時は売り」という投資の基本的セオリーが有効であることが、わかるだろう。

したがって、相場の上昇局面で「買い」ポジション、下落局面で「売り」ポジションを持ち、トレンドに逆らわないことが重要である。投資の失敗は、「買うべきところを売り」「売るべきところを買う」というマーケットに逆らうところから生じる。

## 4 「これだけ安くなったから」という買い出動は控えよう

### 新興銘柄はとことん売られる

下落相場の大きな特徴の一つが、新興銘柄の壊滅的な下落である。大型株の下落スピードに対して2倍以上のスピードで下落することがよくある。

図表23は2005年12月30日の株価を起点とした約4年間のマーケット比較である。2006年1月17日にライブドア・ショックが起こっている。大型株の代表である日経平

［図表23］ 2006年以降のマーケット比較

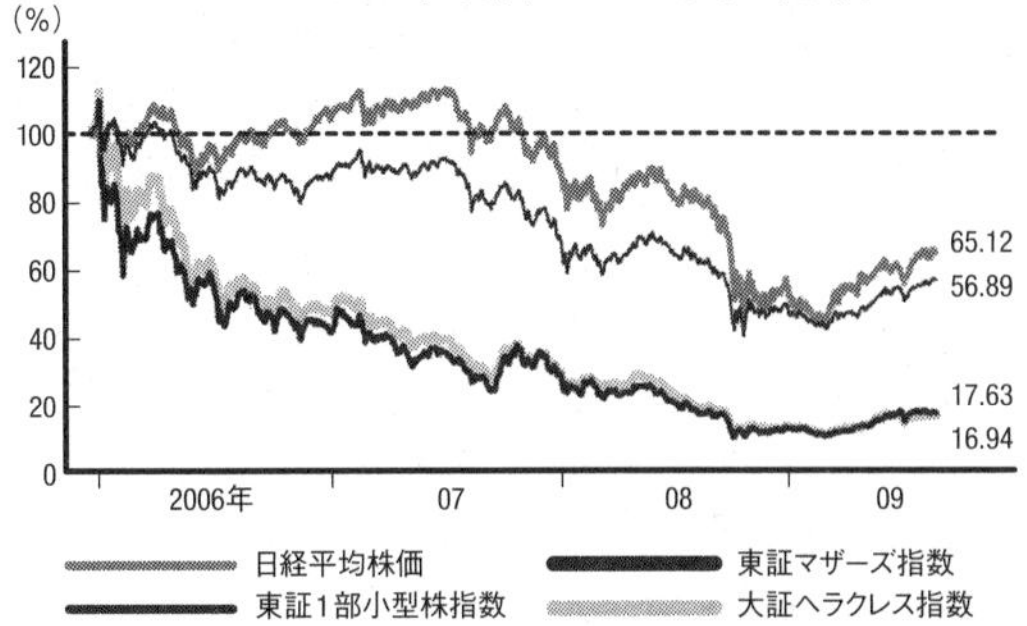


06年1月のライブドア・ショック以降、3年間低下を続けた

均株価は１００を起点に65・12まで下落したため、この間の下落率は34・88％。これに対して、東証１部における小型株指数はマイナス43・11％となり下落率が大きくなっている。

極め付きが新興市場の中でも最もベンチャー企業色が濃い東証マザーズ、および大証ヘラクレス指数（現在はジャスダック指数に統合されており存在しない）は、実に約83％もの下落を演じた。

要するに株価１０００円の銘柄が１７０円になったという、すさまじい下げ方である。

なぜ、ここまで下げるのかという理由は次の３点である。

①時価総額が小さく、流動性が低い。
②景況感が悪化すると業績が急激に悪化

する場合が多い。

③「売り」が「売り」を呼び、とりわけ信用取引の買い方は追証を迫られ、買い手が少ない中、次々に投げ売りをしていくため大きく下げる。

個人投資家はライブドアが中心となって新興市場が急騰した2005年の相場は「小型株の時代だ!」とばかりに、派手に目立つ企業や、大幅株式分割をする企業などが大好きで、小型株祭りの中で神輿を担いで、どこまでも高い山を登っていたが、ライブドア・ショックでまさに市場は雷に打たれて叩きのめされたのである。

そして、このライブドア・ショック後は「売るに売れない急落する小型株はもうこりごりだ」といって、個人投資家たちは一斉にこの世界から逃げてしまった。

**高値から3分の1になってもまだまだ下げる**

ここから読み取れる教訓は「時価総額が小さく、流動性の低い、業績悪化」銘柄はとことん売られるということである。

個人投資家に一般論として言いたいのは、「時価総額100億円未満の企業は投資対象として危険度大」ということである。流動性に関しては「1日当たりの売買代金が1000万円を切る銘柄には近寄らない方がよい」である。このレベルだと、株価の下落が始まると時価総額はますます小さく、流動性はさらに低くなる可能性があるからである。

ライブドア・ショック後の新興市場の下落率は83％であったが、個別銘柄では90％超が続出、95％や99％下落という銘柄も出た。99％下げれば株価は100分の1となる。もちろん倒産企業も相次いで、時価総額が失われたケースも多い。

新興市場の株価形成はとかく一方通行になりやすく、上昇する時は一気に急騰し、下落する時は一気に暴落する。したがって、下落トレンドの最中で3分の1になったから「割安感が出てきた」というわけにはいかないのである。3分の1になったところから、まだまだ下げるのだ。

## 「売られ過ぎ」は買う理由にはならなくなる

こうした状況になると「買い手不在」の下落一方のトレンド入りだ。235ページの図表23のように徹底的に叩き売られた状況においては、東証1部銘柄のPBRが1倍を割り込み、PERが10倍になるという事態が起こった。

それ以外の数多くのテクニカル指標でも、ことごとく「買い」のサインが出ているが、世界的な株価下落により全面安の展開が続き下げ止まらなかった。いくら株価が過去との比較で「割安」になったり、「売られ過ぎ」たりしても、買い意欲のある投資家が存在しない限り、需給関係で株価は下がっていく。ファンダメンタルズが機能しない状況が常態化する。

世界的に見ても、日本株のパフォーマンスが悪いと見たグローバル投資家は、日本株のウエートをますます引き下げる。これがさらなる下落を促進する。

「売られ過ぎ」は通常、買う理由として存在するが、このような形になると買う理由にはならなくなってしまう。そういうことが激しい下落局面においては出現する。

したがって、「これだけ安くなったのだから」という勝手な思い込みで買い出動するのは控えた方がよい。

## 5 デリバティブを賢く使いこなそう

デリバティブとは金融派生商品のことで、金融工学により生み出された金融商品である。取引対象は株価指数や商品先物指数が主流だが、現物ではないバーチャルなものを取引しつつ、証拠金取引ができるのが特徴である。

信用取引以上にレバレッジを利かすことができるため、ハイリスクといえるが、正しく使えば随所に役立てることができる。株式投資における代表的デリバティブ商品である日経平均先物取引について解説しよう。

先物取引も、信用取引と同じように「小さな資金で大きなリターン」というキャッチフレーズを鵜呑みにして間違ったやり方をしている個人投資家が非常に多い。しかも、日経平均先物取引の場合は、信用取引の3倍に対して25倍までレバレッジを利かすことが可能であり、非常にハイリスク・ハイリターンであるのが特徴である。

日経平均先物取引は現物株のリスクヘッジをおこなうという面と、上昇相場や特に下落相場において先物そのものの取引でサヤを稼ぐという面の2つの活用方法がある。日経225miniの登場で、個人投資家が小口でも取引できるようになったため、非常に使い勝手が良くなった。信用取引と同じように、まずはレバレッジをかけずに運用資産の範囲内で活用するというベーシックなスタンスを身につけてほしい。

## 日経225先物取引とは

日経225先物取引は日経平均株価を対象とした取引であり、大阪取引所の上場商品である。この金融商品は日本だけではなく、シンガポール証券取引所やシカゴ・マーカンタイル取引所においても取引されており、24時間世界中に参加者がいるという点において、東京証券取引所が提供しているTOPIX先物取引よりも、知名度・流動性の面で格段に優れているといえる。

日経平均株価は、東京証券取引所で売買されている日本を代表する企業の中から225銘柄を選定し、そのすべての銘柄の値動きが合算されたものが15秒ごとに算出されてリアルタイムベースで価格が公表されている。

それに対し、日経225先物取引は日経平均そのものを一つのパッケージとして取引しているため、15秒ごとではなく、通常の銘柄のように取引がされるたびに、どんどん値段が変わっていく。毎秒ごとに瞬時に価格は変化しており、実に目まぐるしい動きをしている。

225銘柄の一社一社の値動きをベースに取引されているわけではないため、実際の日経平均株価と日経225先物の指数は一致しておらず、ひどい時には50円程度の差が存在することがある。そうすると、現物と先物との価格のギャップによる利益を狙った取引が入ることになり（安い方を買って、高い方を売る動き）、そのギャップは常に是正されることになる。

まず説明をしないといけないのが、「先物取引」という概念である。一般的には「先物取引とは、ある特定の商品を将来決められた期日に、現時点で決めた約定価格で取引することを約束する取引であり、期日までに反対売買をおこなうことによって決済することも可能な取引である」と定義されている。

特定の商品が小豆や金、原油などであれば取引対象としての現物が存在しており、必要があれば現物の受け渡しが可能であるのに対して、日経平均先物取引のような株価指数には現物が存在しておらず、完全にバーチャルなものを取引することになる。

したがって、決済の方法は「現時点で決めた約定価格」と「将来決められた期日に決まった価格」との差額をやり取りすることによって取引が決済される。差額を決済するという意味において「差金決済」と呼ぶ。

なお、あらかじめ決められた期日は日経平均先物取引の場合、毎年の3、6、9、12月の第2金曜日（SQ、特別清算指数の算出日）と決められている。例えば日経225先物3月物を売買する場合、その年の1月15日に売り、または買いのポジションを持てば、3月の第2金曜日には、その差額が自動的に決済されるということである。なお、この日まで保有しなければならないというルールはなく、株取引と同じようにいつでも反対売買をおこなうことができ、反対売買時の約定価格との差金決済をおこなうことができる。

日経225先物は1枚、5枚、10枚といった枚数単位で取引され、1枚は日経平均の1000倍の価格となる。日経平均が1万円の時はその1000倍の1000万円が約定価格となる。したがって、10枚売買すれば1億円の取引をしていることになり、非常に大きな取引となる。

日経225先物取引は、従来は主に証券会社の自己取引や外国人投資家、ならびに国内機関投資家によって売買シェアの95％以上が占められているというプロ向けの市場であったが、日経225先物の10分の1で売買できる日経225miniの登場で、個人投資家も気軽に参加できるようになった。

日経225miniにおいても売買単位は1枚であるが、1枚は日経平均の100倍の価格であるため、日経平均が1万円の時は100万円が約定価格となる。

本章においてすでに「信用取引」について解説をおこなった。信用取引が現物取引と大きく異なる点は、レバレッジを利かすことができることであり、委託保証金に対して約3倍の取引ができることは前述のとおりだ。

日経平均先物取引では、約25倍（相場環境により変化する）のレバレッジを利かせることができるから、信用取引に比較して、さらに8倍ものレバレッジがかかる。日経平均が1万円の時の日経225先物1枚の約定価格は1000万円となるが、取引に必要な証拠金はその25分の1の約40万円、日経225miniであれば1枚の約定価格100万円の25分の1の約4万円あれば、取引が可能である。

逆に言えば、自分の手持ち資金の25倍の取引をすることができる、というのが日経平均先物取引である。したがって、取引には非常に慎重な姿勢が求められる。

## レバレッジができるからといって、レバレッジを使ってはいけない

そうすると、「信用取引」と同じように、レバレッジの扱いには十分に注意しなければならない。証券会社が個人投資家に対して、信用取引をすすめる時のセールストークは、前述したとおり「少ない資金で、より多くの取引ができる」「大きな取引ができるのでその分リターンも大きくなる」である。

このセールストークは投資した銘柄が思いどおりに利益が出ている時にはなるほどそのとおりであるが、思いどおりにならず株価が反対の方向になってしまうと「少ない資金で取引をしているにもかかわらず、手元資金に対して分不相応な損失を抱える」ことになる。安易に信用取引を始めてしまう個人投資家の頭にあるのは自分が儲かっている時の姿であり、よもやそれが裏目に出ようなどとはほとんど考えようとしない。

日経平均先物取引の場合、目一杯のレバレッジを利かせて取引をして裏目に出た場合のやられ方は半端ではなく、現物株取引に比べて25倍、信用取引に比べても8倍となり、一気に運用資産が吹っ飛ぶことになる。

したがって、レバレッジをかけることができるといっても、何も自分の資産を超える取引をする必要は全くない。それすらもよくわかっていない個人投資家が非常に多い。「1枚よりは5枚、5枚よりは10枚売買した方が儲かる」という単純な発想で、現物取引と同じような考えで売買しているから「リスク管理」がおろそかになってしまう。そし

て、大きな損失を出して取り返しがつかなくなってから「先物取引は怖い」とこぼすのである。

先物取引はレバレッジを目一杯使って売買するような取引ではなく、特に個人投資家の場合はレバレッジを使わずに、自分の運用資産の範囲内で取引をするということが重要になる。

## 先物取引には2つの活用方法がある

先物取引の使い方の一つは、現物株のポジションのリスクを回避するためにヘッジとして利用することであり、もう一つは、先物取引そのものを売買することでリターンを上げる方法である。

前者は日中に仕事を持ちリアルタイムでマーケットに参加できない投資家向けであり、後者はリアルタイムでマーケットに参加することができるセミプロ向けである。実際に日経225miniが導入されてから、この取引だけを専業とする個人トレーダーが非常に増えていると見られる。

①現物株のリスクヘッジ

次のような個人投資家を想定してみよう。運用資産額600万円でそのうち半分の

300万円を5銘柄で分散投資しているとする。

それぞれの銘柄は割安であり、大きなリターンを狙えると思っているのだが、「短期的には円高により相場全体は下がる可能性が高い」と予想しているとしよう。だが、手持ちの5銘柄はわざわざ手数料を払ってまで売りたくない。

そういう時に、300万円分の日経225miniの売りポジションを持つのである。日経平均が1万円のレベルにあるとして3枚の売りを持てば、現物株で買い300万円、先物で売り300万円で差し引きポジションはゼロとなり、相場が下がっても先物の売りは利益が出るため、トータルでの損失はほとんどなくなることになる。

日経平均が3%下がった時に現物株も3%下がれば理論どおりとなるが、現物株がそれ以上に下がると全体では含み損が大きくなり、それ以内の値下がりであれば逆に含み益が出ている状況となる。

先物の売りを買い戻して利益確定をおこない、現物株が元の値段にリバウンドすれば、運用資産は目減りすることなく逆に増える形になる。このような使い方が現物株のリスクヘッジである。

②先物取引そのものを売買

日経平均先物そのものを現物株のように売り買いすることによって、リターンを追求する。日経平均は実にさまざまな要因によって上下する。米国株の動向、為替市場、原油相場、商品先物相場、政治・経済のニュース、企業業績動向などである。

このように刻一刻と変化する情勢を読み取りながら、日経平均が上昇するのか下落するのかを予測して取引する。

最も短期なのはデイトレードであり、1日のうちに何度も売り買いをおこなう。非常に手数料が安いため、1ティック（5円単位で日経225miniは値段が変化する）でも自分のポジションよりも有利に動けば利益となり、わずかな値幅でも利益を積み重ねていけば大きなリターンとなる。

日経225miniを1枚取引すれば一般的な手数料は消費税込みで50円程度。100万円の取引をしていることになるので、1万円で買いポジションを持ち、1万10円になれば1000円の利益となり、買いと売りの往復手数料100円を差し引いて約900円の儲けとなる。

1万100円になれば、約1万円の利益となる。日中において高値と安値が100円程度変化するのが通常のマーケットであるので、価格の変動を収益に結びつけることができる。参加者の多くがテクニカル分析を用いて参加しており、リアルタイムチャートの移動平均線の動きを見て売買しているケースが多いようだ。

このような投資家は、ポジションを翌日には持ち越さない。なぜならば、翌日に持ち越して海外市場に大きな変化があり、自分のポジションと反対に動けば、いきなり日経平均は100円や200円以上の幅で上下し、大きな損失となってしまうからである。

したがって、このような取引は相場に一日中張り付いてトレードしなければならず、一般の個人投資家向きではない。

しかし、景気後退期や相場の行き過ぎた上昇の反動局面においては、先物の売りを継続保有することによって、相場が下落すればするほど利益を得ることができるため、その活用価値は高くなる。

## リスク管理を徹底せよ

先物取引では、現物株や信用取引以上にリスク管理を徹底しなければならない。まず、自分の運用資産を超えるポジションを持ってはいけないこと（レバレッジをかけてはいけないこと）、次に逆指値を指してあらかじめ損失許容度を決めておくことの2点が重要である。

先ほどの現物株のリスクヘッジの投資家のケースで考えてみよう。リスクヘッジをしているとはいえ、相場全体が値上がりすれば、売りポジションは損失を抱えることになり、現物株が上昇しても運用資産は増えないというデメリットが発生する。

相場が下落すればヘッジとして機能することになるが、相場が上昇すればヘッジする必要はなくなる。早い時点で先物の売りポジションを損切りしなければならない。

運用資産600万円のうち、現物株が300万円、日経225miniの売りが3枚@1万円の300万円であれば、日経225miniの売りポジションを持った時点で逆指値を指す。もし日経平均が1%上昇の1万100円で逆指値をおこなえば、300万円のポジションの1%にあたる3万円が最大損失額となり、運用資産の0・5%の損失で済む。

同様に1万200円であれば6万円が最大損失額となり、運用資産の1%の損失となる。もっと厳しくするのであれば1万50円で逆指値を指して最大損失額を1・5万円に抑えることが可能だ。これだと、運用資産の0・25%しか失わず、非常に厳しいリスク管理となる。

ただし、逆指値を厳しくすればするほど、わずかの価格変動でヒットする可能性があり、ヒットした後でまた相場が値下がりして結局ヘッジ機能を果たせないということもあるため、注意が必要である。そのあたりをどう決定するかは、個々の投資家によって異なってくるから、自分なりのルール作りをきちんとおこなってほしい。

いずれにせよ、先物ポジションにおいても現物株や信用取引と同じように「リスク管理」を徹底し、相場が自分の予想とは逆に動いた場合の対策を相場が動く前にきちんとおこなっておく必要がある。そうすれば、先物取引においても不必要な損失を抱えることなく、有益に利用することができるだろう。

なお、信用取引の場合は「売り」ポジションは損失無限大だと説明したことを覚えていると思うが、先物取引の場合は「売り」「買い」ともにそのようなことは起こらない。日経平均が0円になる可能性はゼロであるのと同様に、1万円の日経平均がいきなり10万円や1000万円になったりすることもないからである。

ただし、信用取引と同じように自分のポジションが一定以上の含み損を抱えた場合、追加証拠金、すなわち追証を入れなければならない。先ほどの投資家が日経225miniを3枚@1万円で売りポジションを持っている場合の最低証拠金は12万円。運用資産600万円の半分のみが現物株であるため、残りの300万円を先物取引の証拠金に充てれば、追証がかかることはまずありえない。

しかし、仮にその20倍の取引である60枚のポジションを持てば、240万円の証拠金が必要となり、残り60万円分しか余裕がなくなってしまう。日経225miniが1万100円と1%上昇しただけで60万円の損失となるので、追証が必要となってくる。

日経平均先物取引は最終売買日の期日が決められているため、あらゆるポジションは3、6、9、12月の第2金曜日をもって取引が終了する。すなわち、完全なゼロサムゲーム（売り手、買い手の損益をすべて合計すればリターンはゼロとなる）である。

相場が上がれば売り方は損をし、相場が下がれば買い方は損をすることになるため、安易なトレードをおこなえばその反対ポジションにいる投資家に利益を奪い取られてしまう、というシビアなゲームが先物取引である。

## ポートフォリオの中での管理

1000万円の運用資産を保有し、日経225miniを3枚@1万円で売りのポジションを持ったとしよう。わずか12万円の証拠金でその25倍となる300万円の取引をしていることになる。この場合、実質の投資金額は300万円であり、全体の資産に対して30％のポジションを保有していると認識しなければならない。

実際に差し入れるのは12万円なので運用資産に対してわずか1・2％の比率であるが、現実には30％のリスクアセットとなっているからである。もちろん先物取引なので証拠金に対しては、必ずその25倍のレバレッジがかかっていることになるが、運用資産の中では30％の投資ウエートに収まっている。

これがフルレバレッジだと、1000万円の全資産をまるまる証拠金に充てて、2億5000万円の取引をしてしまうことになる。要するに運用資産に対して2500％の運用をしているということだ。

日経平均が1％下落して9900円になれば2億5000万円の1％にあたる250万

円の利益が生じ、運用資産が25％も増えることになる。

しかし、その反対に日経平均が1％上昇して1万100円となれば250万円の損失となり、運用資産は25％も目減りする。仮に日経平均が4％上昇して1万400円となれば1000万円の損失となり、運用資産がすべてなくなってしまう。

要するに分不相応なリスクの取り過ぎである。このような失敗を犯す個人投資家は枚挙に暇がない。くれぐれも注意してほしい。

# 第6章
# 心理的な壁を乗り越える

## 1 株式投資においてはマインドの大胆な変化が必要

本章では株式投資に必要な知識やノウハウではなく、株式投資をする際の本人の「心」「精神」にスポットを当ててみよう。株式投資をおこなうのは紛れもなく、生身の人間であり、ロボットのごとく「無感情」で何でもできるわけではない。

株式市場は人間社会の常識とは全く異なる世界のため、社会常識的な行動に出ていたら裏目ばかりになることも多いのである。そのギャップがどこにあるのかを知ることは、冷静に株式投資をおこなう礎となり、不必要な「不安」「恐怖」を緩和してくれる。

### 恐怖に打ち勝つ

恐怖は投資家がとらわれやすい最も危険な感情であり、放置しておくと恐怖が恐怖を拡大して次々に損失行動を招き、ついにはどんな解決策も試す気をなくさせてしまう。恐怖はいくつもの形態をとって現れる。「損失の恐怖」「利益の恐怖」「非難の恐怖」などである。

「損失の恐怖」は、どんな人間をも襲う。ぜひとも避けなければならないのが、株式投資に充てているお金が「おびえた金」であることだ。株式投資に使ってはいけないお金を運用すれば、恐怖が容易に損失を生み出す。「これは投資に振り向けるお金」とリスクを限定した場合、初めから全部なくすと仮定すれば、最悪の事態に備えることができ、恐怖に立ち向かい防御していることになる。

次に「利益の恐怖」である。「利益に恐怖があるのか？」と聞かれそうだが、これは利益が消えていく恐怖である。大きくリターンが上がりそうな銘柄を持っていても、利益をなくさないかと早すぎる手仕舞いをおこなってしまう。

こうした場合、最小取引単位のトレードではなく、複数のポジションを持つことによって問題を解決できる。

「非難の恐怖」は、自分と周りとの関係において起こる恐怖である。自分の信じた我が道を行く人には無縁であるが、人はたいてい周りとの関係を気にするものだ。自分の行為が非難されるのを避けたい、非難されなくとも「そんなことをしては恥ずかしいのではないか」という思いに支配されると、前向きな姿勢に恐怖が生じる。こうした恐怖を避けるためには、マーケットについてあまり他人と議論しないことである。議論すると「自分が間違っているのではないか」と思ったり、結局自分の思いどおりの行動を起こせなかった、と後悔することが多い。また、人のやっているのをマネして失敗することが多いのだ。「人は人、自分は自分」というのが一番良いと思う。

## なぜ損失は長期間放置されやすいか

ほとんどの人々は損失を回避したいという気持ちを持っている。投資の結果、損失を抱えた場合にそのポジションをなかなか解消できない。含み損を抱えた株式を長く保有する傾向があると同時に、含み益の出ている株式を早く売却する傾向を人々は本質的にもっている。株式投資をすでにおこなっている読者の皆さんなら、ほぼ全員がうなずいてくれるはずだ。

さる統計データによると、株価の上昇した株式は下落した株式に比べて、およそ70％も売却されやすいそうである。

なぜこうなるのかと言えば、人間の心の中では「利益と損失が非対称形をなしている」からである。すなわち、「100万円の利益が出る心の喜び」より「100万円の損失が出る心の苦痛」の方が大きいからである。だから、損失銘柄には「回復してほしい」「回復するのでは」という甘い期待をしやすい。これはことごとく打ち破られる。

逆に言うと「ちょっと利益が出たから売却しよう」という銘柄は、売却の後にどんどん上昇し、「何であんなに早く売ったのか」と後悔することになる。

保有し続けた含み損のある株式からは平均以下のリターンしか得られず、売却してしまった株式はその後すばらしいパフォーマンスを上げる。これぞ、紛れもない真実である。

含み損を抱えて動けなくなった時にどうするか？　こういう時、絶妙の発想転換法がある。それは含み損のある銘柄を切って、その銘柄以上に価値のある銘柄に乗り換えることである。

「含み損のある銘柄を切るのができないんですよ。損失を出すなんて耐えられない。保有銘柄はすべて利益を出さないと気がすみません」

うーん、これでは負け組の投資家確定である。これだから、次々とマイナスの保有銘柄が増えることになる。

もし、「含み損のある銘柄」よりも「乗り換える銘柄」のパフォーマンスの方が大きくなるのなら躊躇することは何もない。含み損からおさらばしてせいせいできるのと同時に、含み益の状態になるのだ。含み損を抱えたまま何も変わらないのと比べて、精神衛生上どちらがよいのかは明白である。

## 不自然な行動を起こしてみる

株式市場は昨日まで起こっていたことがウソのように消滅し、その反対のことが突然起こるという世界である。ふだん社会生活を送り、まっとうな社会人として生きている我々にとっては、理解しがたい激変が襲ってくる。

「そのうち何とかなるだろう」と思っていると手遅れになる非情な世界である。だから、株式市場の世界では常識的かつ穏健な行動こそ「命取り」になる。

米国の著名なトレーダーであるマーク・ダグラスによると「株式投資で失敗している人たちは社会的には聡明な人たちであり、業界最高レベルのマーケットの分析者の大半が、思いつく限りの最悪のトレードをしている」と手厳しい。

そこで自分の投資行動がうまくいかなかった時は、何を考えればよいのだろうか。いきなり「自分の弱い感情を克服せよ」と言われても、それはできないだろう。「克服できないから、困っている」と返されそうだ。まずは、自分の陥るパターンを認識し、そこから新たな方向に自らを仕向けることを常に意識することが肝要である。そして、成功する投資家になるためには、今までの自分とは違った種類の人間になる必要がある。

人間の行動には、必ず各人特有のパターンが存在する。そして、投資のパターンは感情のパターンを反映している。投資の障害となるパターンは必ず感情のパターンによって引き起こされている。リスクにさらされ、不安感が強い状況の下では、意思決定そのものが歪められてしまう。

問題のあるパターンは、特定の状態とつながっていることが多い。ほとんどの投資は限られた範囲内でおこなわれており、投資家は陥りやすい行動にはまっている。したがって、まず自己観察によってこうした点を見抜くことが変化するための第一歩である。

投資における敗者からの脱出は、自分にとって不自然なことをすることから生まれることが多い。これは、まさに自分にとってのコペルニクス的転回となるが、間違ったパターンが修正されたのが功を奏したためである。変化をもたらす努力への集中力とその反復は、最終的に成功する投資家になれるかどうかと大きく関係している。

## チェックすべき自分の行動

感情的な問題で困難を抱えている投資家は、投資のルールを決めていないことが多い。損失を抱えても、それに対する明確な行動を起こすことができなくなり、自信を喪失してしまう。投資方法やルールは人によって異なるが、成功する投資家は自分のルールを策定し、実行する技術を持っている。こうした行動を起こすことができるのは、結局その投資家の人格によるものである。だから、「投資ルール」を決めておくことは非常に重要なのである。

そして、自分の投資行動のチェックである。うまくいかない投資家に見られる欠陥は以下のようなものである。あなたにはこうした傾向はないだろうか?

①注意力不足……投資行動に関して慎重さに欠ける。
②行き当たりばったり……投資行動が衝動的である。
③ルール支配が不十分……投資ルールが十分でないか、ルールどおりに行動できない。
④超用心深い……非常に限られた範囲の中で閉じこもり、収益機会から遠ざかる。
⑤行動を抑制する……行動すべき時に行動しない、行動できずに固まる。

⑥柔軟性がない……市場の反応に対して硬直的で、ルール一辺倒で例外を認めない。

## 2　利益により近づく投資行動を取ってみよう

### トレンドに追随することの重要性

マーケットで最も利益を得ることのできる投資手法は、トレンドに追随することである。長期トレンドに限らず、短期においてもトレンドはしばしばマーケットに現れる。しかしながら、トレンドに従う投資行動は投資家にとって結構難しい。「ブルマーケットでブルになり、ベアマーケットでベアになる」というきわめて単純なことさえも、なかなかおこなえない。

下落トレンドでカラ売りをやり損ねた投資家が買いのタイミングを待っているとして、そのトレンドの変わり目であるキー・リバーサル（カギとなる反転。下落が続いた後、株価が前日の高値と安値のレンジ外で取引され、その日の高値で終わる日）が出た時においても、ほとんどの場合が買いの行動を起こさない。なぜならば、もしこの判断が間違っていたらどうしようという損失への恐怖が強いからである。

こうした投資家は無意識のうちに「損失なしにトレードできる」と考えているのである。「損失とは利益を生むトレードに必要なものである」ということを理解していない。どうだろうか？　目からウロコではないか。また、上昇トレンドの中で押し目買い（一時的な値下がりを買うこと）をする、というのもほとんど実行されない投資行動である。行動を起こさないのは、行動を起こすよりも危険をはらんでいる。

## 現実を直視しなければ致命的に

明らかに悪い決算内容が出ているのに、即行動できない投資家は、株価が継続的に下落している最中にも、「もうすぐ状況は改善する」と期待している。そして、ついに反転の動きが始まる前のパニック的な底値で買い増すことはせず、まさにその状況で全株を売却するのである。これは投資ルールがなく、感情だけで行動する典型的な投資家の行動である。

損失が膨らんでも損失を現実のものとみなさないのは、現実から目を背けて今起こっていることを見ようとしない認識力の喪失である。社会生活においては、こういう行動を取っても急激には悪い事態が起こらないかもしれない。しかし、株式市場は人間社会ではないのだ。取り返しのつかない事態にすぐに陥るという怖い世界なのである。何度強調しても強調しすぎることはない、肝心カナメのポイントである。

## 投資の世界で頼れるのは自分だけ

多くの個人投資家は「自分の投資はすべてうまくいく」という勝手な思い込みによって、損失を被っている。そして、投資ルールがない。テクニカルであれファンダメンタルズであれ、自分が決めたルールに従わなければ、何も学ぶことはできない。自分のルール以外の外部情報に惑わされることが多ければ、常に自分の投資結果から間違った学習をしていることになる。

ほとんどの個人投資家はいくつもの変数を取り込んで、行動を複雑にしている。自分のルール以外に従えば学習を弱めてしまうことになる。

熟練した投資家はどんなやり方でも、リターンを生み出すことが可能である。だが、最も成功している投資家ですら、その完璧度合いは10点満点のせいぜい7点程度のレベルである。すなわち投資行動を10回起こせば、3回は必ず間違うということである。

失敗が心理的な報酬として投資家の心に働くことにも、注意が必要だ。損失を出して打ちひしがれた心をやけ食いで晴らそうとするのは、間違った報酬を自分に与えることになる。成功する投資家においては、後ろ向きの感情は入らない。

「自分の思惑どおりにいかずに含み損になったら処分する。当たり前でしょ」と皆さん、口を揃えて同じことを言う。

「どうして含み損をそのままにしているのか、理解できません」

利益に近づく投資行動というのは、こういうことなのだ。

## 3　ゾーン（明鏡止水の境地）こそ勝つ投資家の条件

さて、「ゾーン」である。

「何だそれは？」と聞かれそうだが、ゾーンとは「明鏡止水の境地」のことであり、邪念や恐怖がなく、自分の思いどおりに行動できる心理状態を指す。

一流のレベルに達したスポーツ選手は、ミスを犯す恐怖心を完全に払拭した無心の精神状態で、競技に打ち込むことができる。これこそが勝つ姿勢を身につけた状態である。投資家においても一貫してマーケットで勝つための心理技術＝投資技術を身につけようというのが「ゾーン」の狙いである。

「一貫性の扉」を突破した人たちは最初からそうした能力を備えていたわけではなく、精神的にも資金的にも大きな痛みを経験しそれを乗り越えているのである。先ほど述べた米国のトレーダーであるマーク・ダグラスの著書に『ゾーン　相場心理学入門』（世良敬明［訳］、パンローリング）があり、興味のある人はぜひとも手にとってほしい。ここではその基本的な考え方を解説してみよう。

**皆さんに質問です**

まず、以下の質問に「Ｙｅｓ」か「Ｎｏ」で答えてほしい。

①投資家として稼ぐため、マーケットの次の展開を知る必要がある。
②投資家として稼げるかは、主に分析次第である。
③マーケットの流れをはっきりと感じる時があるが、たいていはその感覚どおりに行動するのは困難である。
④通常、成功する期間が長く続くのは、自己資産に何度かかなり深刻なドローダウン（損失）があってからである。
⑤自分がマーケットの犠牲者だと感じざるを得ない時がある。
⑥計画しておきながら実行しなかったトレードがある。あるいは計画にないトレードを実行したことがある。

答えはすべて「Ｎｏ」が正しい。

「えーっ」という悲鳴にも似た叫びが聞こえてきそうだ。特に①と②は当然のことのように「Yes」と考えている投資家が大半だと思うが、投資が成功するかどうかの決定的な要因にはならない。

マーケットが次にどうなるかを知る必要はない。大事なのは「自分が次にどうしたらよいのか知っている」ためにゾーンの境地を手に入れることである。

**まずは責任を取ること**

成功するトレードを実行するための最終目標は「一貫性」を手に入れることである。これは自分の信念と姿勢によってのみ形成されるものであって、マーケットの中にはない。マーケットは何が起ころうとも常に中立な存在であり、どの瞬間にも情報を発信し続けている。それがどのような意味を持つのかは、自分の判断力による。そして、投資機会や損失を決定するのはマーケットではなく自分である。

したがって、このような形でトレードにおける自己責任を十分に認識していないと、自分のトレード上の問題と一貫性の欠如が、マーケットを分析することによって修復できると誤解をしてしまう。

トレードをおこなっている限り、損失や負けを避ける方法はない。まずこれが大前提である。トレードで負けているとそうした認識を拒否してしまい、まもなく状況は好転するだろうと自分の都合の良い根拠で放置するが、否定し続けるのが不可能になってようやくトレードを手仕舞う。

マーケット参加者のうち10％未満が一貫した勝利者であり、30〜40％が一貫した敗者である。そして、残りの最大の集団が投資技術を身につけていない行き当たりばったりの投資家である。もし、自分の損益曲線を不規則な形から堅調な右肩上がりにしたいのであれば、自分で責任を取りマーケットに期待しないことだ。

## 「すでに知っている」は大きな誤解

多くの投資家はトレードする際に前もってリスクを明確にせず、損切りをせず、利食いしない。なぜならば、このような習慣は必要だと感じていないからである。

さらに、その理由を突きつめると、自分が関わっているトレードにおいて「次に何が起こるか」を知っていると信じているからである。ところが「自分は知っている」という考え方は、すべてのトレードにおいてミスを犯してしまう可能性がある。

熟達した投資家は、既知のものと未知のものの両方を認識できている。値動きの中から売買機会の出現を示す状況を認識する。これが自分の優位性であり既知のものである。しかし、実際に投資をしてどのような結果が出るのかは未知のものである。

「投資の結果はわからない」という事実を完全に受け入れている。こうした一貫性を手に入れると、失敗が連続している中で、すでにトレードのサインが出ているにもかかわらず心理的な躊躇が起こるという心の抵抗感から解放される。さらに、熟達すれば自分の心とマーケットが同調している状態、すなわち、ゾーンを手に入れることができる。マーケットが今何をしようとしているかさえも感じ取ることができる。まさに、今自分が流れの中にいるのである。

## 確率で考える

「マーケットでは何事も起こり得る」という考えを持つことによって、投資を確率でとらえることが重要である。これはカジノのオーナーや経験豊富なギャンブラーと同じ思考法であるが、彼らは常にランダムな結果を生む事象から一貫して収益を生み出している。

一つひとつのプレーが統計的に他のものから独立しており、一回一回が勝つか負けるかの予想は困難であるが、回数が一定レベルに達すれば予想可能な結果をもたらしてくれる。収益を残すために、次に何が起こるかを知る必要はないということである。一回一回のトレードに特別な思いをもつ必要はなくなる。

多くの投資家はあらゆる取引で正解でありたいと考えており、必死になってありもしない確実性を手に入れようとしている。そして彼らの期待は「知っている」と思い込んでいることから生じ、その時点において中立で公平な状況から逸脱してしまう。

優秀な投資家は「自分の規則に厳格であり、自分の期待に柔軟である」のに対して、典型的なダメ投資家は「自分の規則に柔軟であり、自分の期待に固執する」傾向が強い。
確率で考えるための5つの根本的真実は次のとおりである。

①何事も起こり得る。
②利益を生み出すためには、次に何が起こるか知る必要はない。
③勝ち負けはランダムに分布する。
④優位性があるとは、あることが起きる可能性がもう一つの可能性よりも比較的高いことである。
⑤マーケットのどの瞬間も唯一のものである。

## 一貫性の信念を確立する

最後に一貫性の信念である。「私は一貫した勝者である」という信念を持つことだ。この信念を築き上げるために、次の7つの一貫性の原理をおさえておく必要がある。著者の言葉をそのまま引用してみよう。

①私は自分の優位性を客観的に確認している。
②私はすべてのトレードでリスクを前もって決めている。

③私は完璧にリスクを受け入れている。あるいはトレードを見切ることをいとわない。
④私は疑念も躊躇もなく自分の優位性に従う。
⑤私はマーケットが可能にしてくれた勝ちトレードから利益をつかみ取る。
⑥私はミスを犯すことへの自分の対応を継続的に監視している。
⑦私はこうした一貫した成功の原理の絶対的必要性を理解している。したがって決して
それを破らない。

## 4 投資の神様は行動する人に幸運をもたらす

本章も最後となった。

「投資の神様」は実際に存在すると私は思っている。それは人間のように姿かたちを持ったものではなく、正しい投資行動をする人々に微笑み、幸運をもたらしてくれる目に見えない「意思」のようなものである。

すでに「心理的な壁を乗り越える」と題して、いくつものポイントを述べてきたが、最後に重要なメッセージ&エールを送りたい。

**足がすくんでしまってはいけない**

実行すべき時に実行しないのは、収益機会の喪失や損失の拡大に直結する。とにかく行動すること。行動してからの間違いはすぐに修正すればよい。

**「行動した結果」は「行動しない結果」に勝る**

行動する投資家になればわかるが、「行動した結果」＞「行動しない結果」の不等式が成り立つ。確率でいえば70％以上である。行動しないと、望ましくない状況を引き寄せる確率が70％以上あるということだ。

**すべての投資が成功することはありえない**

必要以上に慎重になることはない。失敗は失敗として、受け入れることが大事である。だが、多くの投資家は「小さな失敗」は受け入れないくせに、「大きな失敗」は受け入れてしまう。「小さな失敗」は次のリターンにつなげるための良い経験と考えれば、前向きになれる。

**自分で行動する人が結局は勝つ投資家である**

周りを見回す必要はない。リターンを上げるのに急ぐ必要はない。リターンが短期で上がらないのは問題ではない。相場に遅すぎるというのもない。リターンを獲得するための「買いが遅い」「カラ売りが遅い」というのはあるが、その時は反対の行動を考えてみればよいだけの話である。随分と気分的に楽になるのではないか？　考えもせず焦って行動する投資家には必ず「大きな損失」が待ち受けている。

自分で考え、マーケットに逆らわずに的確に行動する人が「勝つ投資家」である。

# 第7章
# 個人投資家に知ってもらいたい、さらなる注意点はここ

# 1　デイトレードはけっこう大変な運用スタイル

## 一般の社会人には向かない

デイトレードをやってみたいと思っている読者は多いと思う。

一瞬の投資機会をつかまえてトレードをおこない、利益を上げる――。

非常にカッコよく聞こえる。言うは易しであるが、実際にはかなり大変であり、毎日本業たる仕事をしている人向きではない、と断言しておく。

「休憩時間にやりますから、大丈夫です」。これは全くダメである。休憩時間にパッと画面を見て売り買いをおこなって、成果が出るような世界ではない。

現在、日本のデイトレーダーの数は10万人とも30万人とも言われている。この人たちは投資が専業である。すなわち、取引時間中ずっと自分の時間をマーケットに捧げている人たちである。全体のマーケットの流れや個別銘柄の動きを見ながら取引をしている。

1日のマーケットや個別銘柄の動きには、ある種のドラマと呼べるほどの劇的な変化がある。彼らはそのドラマを眺めながら機敏に売買をおこなう。プロの機関投資家にとってもなかなか手ごわい相手である。

例えば、取引開始から1時間はほとんど動きがなかった銘柄が、ちょっとした買いがきっかけで急激に売買高が膨らみ、それを見た他の投資家も群がってくるという事態がほんの数分の間に起こる。そして株価が買い上げられると、反対売買やカラ売りが出て急激に下がり始めるというような動きも頻繁に現れる。

そうしたマーケットの変化を知らない人が、仕事の空き時間に参加しようとしても、的確な判断はできないだろう。デイトレードの世界では、専業でなければ太刀打ちできないくらいの高度な戦いがおこなわれているのである。

## デイトレードは利幅の薄いトレードの積み上げ

ポジションを翌日に持ち越さない、という徹底したデイトレーダーは大変である。相場の始まる前は株式を保有していないため、例えば前日のNYマーケットが下落して、それがそのまま日本市場の売りにつながっても、デメリット（ギャップ・ダウンと言う）はない。

しかし、前日のNY市場が上昇し大幅な円安になったことで、日本市場が寄り付きから大幅高で始まる時は、ポジションがないため、その恩恵（ギャップ・アップ）を受けることがない。前日の終値から大きく上昇したところから銘柄の売買を始めなければならないため、そこで利幅の取れる売買をするのが難しくなる。一貫した上昇相場が続く時は、日中の値動きだけでリターンを上げるのはなかなか難しいのだ。

一方、株式を継続保有している投資家にとっては、何もせずに保有銘柄の含み益が増加していくわけであるから、とても楽チンな状況にある。同じA銘柄を投資対象としても、1カ月間のパフォーマンスは何もしない継続保有投資家が30％も資産を増やしたのに対して、デイトレーダーは必死になって毎日神経をすり減らしながら売買したにもかかわらず、プラス5％にとどまるなどという話がいくらでも起こってくるのだ。

要するにデイトレーダーは短期の動きばかり追いかけて、企業のファンダメンタルズに反映された株価水準のトレンドに思いを馳せるということをしないのである。株価がちょっとでも下がってくれれば、すぐに売りを出し、売らなくてもよいはずのストップ安に一般投資家がまき込まれたり、株価がちょっと上がってくれば怒涛のごとく買いを入れ、買ってはいけないストップ高で買ってしまったりということなど日常茶飯事である。

デイトレーダーのことを別名ノイズトレーダーと言うが、一般的な投資家からすると、株価が攪乱されて鬱陶しいことおびただしい。

デイトレーダーの本領が発揮されるのは、一見「今日は何も起こりそうもない静かな日だろうな」という状況において、銘柄の売買を仕掛けて値幅の振幅を大きくすることでリターンを勝ち取りにいくという、まさしく狩猟民族のような動きが成功する時である。

また、取引手数料はきわめて低額となった現在であるが、取引金額を膨らませるために信用取引を伴ったやみくもな売買はけっこうコストがかさんでしまう。証券会社にとっては上顧客なのだが。

## とにかく神経がすり減り、疲労が大きい

一日中、パソコンやスマートフォンの画面を見ていれば非常に疲れ、体にこたえる。そういう環境の中で、何銘柄も何十銘柄も見て買い注文、売り注文を早業競争のように素早く出していかねばならない。

利益ばかり出るのであれば、疲れも感じないかもしれないが、自分の思惑とは逆にいく確率が50％以上になってしまうと、精神的にこたえる。「自分はいったい、何をしていたんだろう」とため息とともにぐったり、ということになる。

トレード中毒者は前場・後場の売買だけではなく、午後4時半から始まる先物取引などのイブニングセッション（夜間取引）にも参加する。いやー、これは本当に大変である。普通に仕事をしている社会人の方が、よっぽど疲労感は少ないと私は思う。それほどまでにデイトレードでやっていくのは、大変なことなのである。

## 2 株主還元策にも着目する
## ——配当金・株主優待について

株式投資には2つのリターンがある。売買そのものによってもたらされるキャピタルゲインと、企業が株主への利益還元策として実施するインカムゲインである。

これまで本書ではキャピタルゲインを中心に述べてきたが、ここではインカムゲインに注目した投資を考えてみよう。

インカムゲインをもたらす株主還元策は、昔は配当金が中心であった。しかし、最近では個人投資家を増やしたいという企業も多く、株主優待をおこなう企業が着実に増加している。

### まずは配当利回りに注目

配当利回りとは、企業が年間に支払う1株当たり配当金（中間配当と期末配当の合計）を株価で割ったものである。これはしばしば10年債の利回りと比較される。

旧版執筆当時の2013年6月における東証1部の平均配当利回りは1・6％で、国債利回りの0・6％に比べて1・0％ポイント高かったが、2020年3月時点における配当利回りは2.0%、国債利回りは0.05%となっており、配当利回りが上昇する一方でゼロ金利が一気に進んだことがよくわかる。

2・0%の配当利回りはあくまでも配当金を支払っていない無配企業も含めた平均値なので、配当利回りの高い企業の場合は4・0%を超えている場合もある。こうなると、3年も保有すれば4%×3=12%と12%もの利益をもたらしてくれることになり、配当金だけ見ても立派な金融商品として成り立つ。

配当利回りは日々変化する。なぜならば、株価が毎日変動するからである。仮にA銘柄を1株1000円で買ったとする。配当金は年間30円。すると配当利回りは3%である。もし1年後の株価が1500円まで値上がりすると、配当利回りは2%まで下がる。とはいっても、この投資家はあくまで1000円という簿価で投資しているので配当利回りは3%のままである。しかも、値上がり益が500円もあるということになり、なかなか良い投資成績である。

配当利回りは、今現在の株価で新しく投資した場合の利回りのことを指しているから、株式を保有している投資家においては異なる。現在の株価よりも低い株価で投資していれば配当利回りは高く、反対に高い株価で投資していれば配当利回りは低い。

配当を増やすことを増配、減らすことを減配という。業績が好調であれば増配となり、厳しい局面では減配となる。赤字など業績が一段と厳しくなると、配当金を支払わない無配に転落する。業績が回復すれば復配といって配当を支払い始める。こうした配当の変化は株価の上昇・下落要因となる。

企業の配当利回りランキングは、各種情報サイトで無料で提供されているので活用してほしい。

**権利確定日に注意しよう**

配当金を受け取るためには、権利確定日に株式を保有している必要があり、注意が必要である。配当金を受け取る権利が確定する期日を権利確定日といい、この日に株主名簿に載っていないと、配当を受け取ることはできない。

例えば、3月期決算企業の場合、3月の最終営業日の3営業日前までに株主になる必要がある。この最終期限を権利付き売買最終日と呼ぶ。2013年は3月31日が日曜日だったので、年度内の最終営業日は29日、権利確定日は26日であった。3月以外の決算の会社も同様の定義となる。

通常、株価は権利確定日に向かって上昇していき、確定日の翌日（権利落ち日）から下落することが多い。これは権利分のリターンが払い出されたため、株価がその差額分だけ下がると解釈すれば合理的な動きである。配当などの権利を得るために確定日の直前に購入したら、権利は得たものの株価が値下がりしてしまった、ということもよくあるので注意する必要がある。株価は権利確定日の1カ月くらい前から徐々に上昇することが多いので、権利の確保をしたい場合は早めに動く方が得策といえる。

## 個人投資家にとっては株主優待も魅力的

もう一つの株主還元策は株主優待である。これは株主への感謝の気持ちや長期に株を保有してほしいという企業の思いを反映したもので、3000円〜5000円相当程度の自社製品やコメなどの食料品、クオカードなどの金券などを贈呈するのが主流となっている。

この株主優待の内容を金額換算したものを優待利回りと呼ぶ。配当利回りと合計すると、2ケタの利回りになるケースもあり、主婦などに人気である。航空会社の株主優待券やクオカードなどの金券は自分で使うことができ、金券ショップなどでも換金可能である。

株主優待は、流通業や外食、食品、日用品メーカーなど一般消費者に近いBtoCのビジネスをおこなっている企業の方が積極的である。自社製品を配ることで消費者を増やそうという狙いがある。代表的な例はカゴメである。カゴメは早くから株主優待に積極的であり、2019年12月現在の個人株主は19万人、実に発行済株式数の63%が個人投資家である。現在、株主優待を実施している企業は1000社を超えているが、どんな企業がどんな優待をしているのかについても、日経電子版などで調べることができる。

個人投資家にとっては人気の高い株主優待であるが、実は機関投資家からはあまり評判が芳しくない。なぜならば、自社製品やコメなどの現物を受け取っても、ファンドの受益者に配分することができず、メリットがないからである。「株主優待するなら、配当金を増やしてくれ」ということになる。

なお、株主優待企業の株価は下落に打たれ強いという傾向が出ている。年間ベースで大きくマーケットが下落した年を遡ってみると、2011年の直近データでは日経平均株価の年間下落率は17%であったが、株主優待を実施している約1000銘柄の下落率は0・8%にとどまった。なお株主優待を受ける権利も配当金と同様に、権利確定日に株主になっている必要があるから、注意が必要である。

## 3 上方修正・下方修正の対処法

業績修正の発表は、株価にとって非常に大きなイベントである。基本的には上方修正はポジティブ、下方修正はネガティブな影響を株価に与えるが、単純にそうはならないケースもあり、投資家として戸惑うことも多い。本節では、その上方修正、下方修正の対処法について述べていくので、頭の整理をしてほしい。

大事なことは、保有銘柄については日頃からその企業が発表するプレスリリースに注意を払い、いざ業績修正という時に冷静かつ適切な対応をすることである。上方修正により株価が上昇する場合は、逆指値を上げていくことによってより大きな利益確保をおこなえばよいから、特に難しい対応はない。

問題は、上方修正によって株価が下がる、あるいは下方修正によって株価が下がる場合の対応の仕方である。実践経験を積むことによって対処法を身につけていくことが重要であるが、適切な投資行動を取るための処方箋として基本的な知識を身につけておく必要がある。

## 業績修正の定義

会社発表の業績予想数値に対して売上高で10％以上の変動、利益（営業利益、経常利益、当期純利益のいずれか）で30％以上の変動が生じる場合、企業は判明した時点でその修正内容を取引所にすみやかに届け出るというルールがある。

当年度の決算が締まれば（日本の多くの企業は3月末）、約2カ月経過した時点で企業は当年度の決算発表をおこなうと同時に、新年度における第2四半期と通期の業績予想を決算短信で発表する。これらの業績予想が新年度のビジネスの好不調を占うたたき台となるのだが、時間の経過とともに決算内容が予想に対してずれが生じ、先に述べたいずれかに該当あるいは複数に該当する場合に業績修正発表がなされる。

業績予想に対して上回る場合を「上方修正」、下回る場合を「下方修正」と呼ぶ。いずれも株価に対して大きな影響を及ぼすので、業績修正のチェックは株式投資において必要不可欠である。

なお、売上高で10％以上の変動、利益（営業利益、経常利益、当期純利益のいずれか）で30％以上の変動が生じる場合、企業はその内容を取引所にすみやかに届け出るルールがあると述べた。これは「ねばならない」というルールであり、企業によってはこれらの数値の範囲内であっても予想とのずれが生じた場合、修正発表を自主的に出すケースが多くなっている。

これはタイムリーでフェアな情報開示を重視する企業が増えていることの表れであるが、わずかなずれの場合は通常の業績修正とは異なり、株価にほとんどインパクトを与えないケースも多い。これはマーケット参加者に「想定の範囲内」と解釈されるためである。

## 利益の修正に注目

業績修正発表の際に大事なのは、売上高の修正ではなく、利益の修正である。株価は常に企業の儲けを示す利益の水準によって決定されるため、利益が修正されるとバリュエーションが異なってくるからである。以下に、各修正項目の要点を記そう。

①営業利益

本業の儲けを示す最も重要な「利益」である。売上高から原価と販管費を差し引いた利益を示しているため、一時的要因や特殊要因が含まれず、ごまかしようのない数字である。業績修正において最も大事なのが「営業利益はどうなったか？」という点である。この数字が当初計画より30％以上変動すると、株価に与える影響は非常に大きい。

アナリスト予想によるマーケットコンセンサスが最初からそのような大きな修正を予想していたのであれば、修正発表前の株価にある程度織り込まれていることが多いが、アナリストのカバーがほとんどなされていない企業の場合は、発表と同時に大きな変化が起こる。仮に30％の上方修正ならば株価は発表前の水準に対して30％上昇、逆に30％の下方修正ならば、株価は発表前の水準に対して30％下落する可能性があると考えた方がよい。

②経常利益

経常利益は営業利益の金額に加えて営業外損益を調整した利益である。金利の受け取り／支払いといった営業活動以外の要素が入ってくるため、本業の儲けそのものを純粋に表さなくなってしまう点に注意する必要がある。

したがって、営業利益が修正されていないにもかかわらず、経常利益が修正された場合は、「一時的要因」と見なされて株価に与える影響度は非常に小さくなる。ただし、営業利益が修正され、それと同時に経常利益もほぼ同じ額で修正される場合は、もちろん株価に与える影響度は大きい。

③当期純利益

当期純利益は経常利益の金額に加えて、さらに特別損益を調整した利益であり、「一時的要因」「特殊要因」がドンと加わる。

有価証券の売却益や評価損、子会社損益、リストラ費用などが特別利益／損失として計上された上、税金が引かれたもの（税金も企業の事情に応じて増減が激しくなるケースがある）であるため、営業利益・経常利益がほとんど変化なく、当期純利益だけが修正された場合は、株価への影響は限定的になるケースが多い。

大きなリストラや損失処理を一気におこなって、当期純利益を大幅に下方修正した場合は株価が上昇することがあるが、それは「今期で悪材料出尽くし」ということで好感されるケースである。下方修正＝株価下落と単純にはならないので注意が必要だ。

逆に、当期純利益だけが上方修正された場合、それは一時的な利益の押し上げ要因（有価証券の売却益、子会社の売却益など）にとどまり、来期以降はなくなってしまうため、上方修正＝株価上昇とはならない。

④売上高

売上高は上記の利益数字に比較すると、あまり意味を持たない。売上高の増減に応じて営業利益が増減する場合（一番多いケース）は、「営業利益」要因で株価が上下すると解釈すべきである。

一方、営業利益が修正されずに売上高が上方修正された場合は、ほとんど株価には影響を及ぼさないが、その金額が大きかった場合は逆に株価が下がる要因になることがある。これは、営業利益率（営業利益÷売上高）が下落したことを意味し、マージンが悪化、すなわち利益の中身が悪くなっていると解釈されるためである。

その反対に、営業利益が修正されずに売上高が下方修正された場合は、マージンが改善したことを表すが、そもそも売上高が減っていることが問題視されることが多いため、株価が上昇するということはあまりない。しかし、株価が急落するようなこともほとんど起こらない。

なお、売上高はしばしば、「トップライン」と呼ばれる。これは企業収益を測るための出発点となる数字であり、損益計算書の数字のトップに記載されるからである。

## どの期間における修正か

業績修正の対象になるのは、中間決算にあたる第2四半期と通期の数字の2つの期間である。どの期間が修正されるのかで、株価に対する影響度が異なってくるので以下に整理しておこう。パターンは2つである。

①第2四半期のみが修正される

第3四半期および第4四半期に売り上げが立つはずの案件が、前倒しで第2四半期までに計上されただけの場合の修正ならば、株価へのインパクトは限定的となる。いわゆる売上高の計上のタイミングがずれただけなので、通期では変化がないからである。

一方、第2四半期まで業績が好調に推移し、とりあえず修正数字が確定したため業績修正の発表をするものの、下期の数字はまだ明確ではないため第2四半期だけの修正にとどめている場合は、当然通期の数字の修正が予想されるため株価に対するインパクトは大きい。

上方修正ならば、第2四半期に続いて通期での上方修正が濃厚であり、下方修正ではその反対となる。いずれも持続的に株価が上昇、下落のトレンドを作っていく。

②第2四半期、および通期がともに修正される

第2四半期のトレンドがそのまま下期も継続する可能性が濃厚となったため、通期の数字も修正されるケースである。これには、下期の予想数字も修正する場合と、下期の予想数字はとりあえず据え置き、第2四半期までの修正を通期予想にもそのままスライドさせて修正する場合がある。

いずれの場合にせよ、第2四半期のみが修正される場合に比べると、株価に与えるインパクトは大きくなり、すでに株価が先回りして織り込まれている場合を除いて、上方修正では株価は大幅上昇、下方修正では株価は大幅下落となるケースがほとんどである。

### 保有銘柄は必ずチェックを

すべての企業の業績修正をチェックするのは時間もかかり、難しい。しかしながら、自分が保有している銘柄については業績修正だけに限らず、その企業が発表するプレスリリースも目を通しておくのが望ましい。

最も手っ取り早い方法は、その企業のホームページのIR情報のページをチェックする

ことである。できれば週末などに必ずチェックする癖をつけておきたい。

また、毎日株価の終値のチェックをすることは資産運用をおこなっている者として励行してほしい。その際に株価が大きく上昇、下落した場合は、その企業が業績修正しているケースがあるので、要チェックである。

なお、時間を有効活用するためにおすすめしたいのが、保有銘柄がプレスリリースの一斉配信、メルマガ配信をおこなっている場合は、その企業のサイトで読者登録をしておくことである。そうすれば、その都度、自動的に情報を受け取ることができる。

### 上方修正の対処法

①保有銘柄の場合

上方修正発表後、株価が下落するのは、好材料が出尽くし、バリュエーション的にフェアバリュー以上になっている場合が多い。ウエートダウン、あるいはいったん売却をするのが賢明。また、修正内容が強気の市場コンセンサスの予想を下回っている場合は失望感が広がり売られる。

上方修正発表後、株価が上昇するのは、まだ投資意欲のある投資家が多い証拠。株価水準が低く、バリュエーションも割安であれば、さらに買い増しも可能である。

なお、できるだけ利益確保を大きくするために、株価の上昇にしたがって逆指値を上げていくことが重要である。

②非保有銘柄の場合

知らない銘柄には飛びつかないのが賢明。急騰しているからといって、値動きだけに着目した投資は高値づかみとなることが多い。すぐに下落に転じ、気がついたらマイナス20%～マイナス30%の「含み損」を抱えているという素人丸出しの行動は避けねばならない。

知っている銘柄で、株価水準が低くバリュエーションが割安であることを確認した上、上昇力が強ければ投資は可能。ただし、必ず逆指値を指すこと。通常の逆指値がマイナス10%であれば、それよりも厳しい水準（例えばマイナス7%）が望ましい。

**下方修正の対処法**

①保有銘柄の場合

下方修正発表後、株価が下落した場合は、即売却。この対応が特に重要である。売りが殺到してストップ安となっている場合、一時的な要因ではなく致命的な企業劣化が起こっている。損失を出してでも売却しなければならない。

さもないと、株価は一方通行的に下落が続き、短期間のうちに30%、50%の下落となってしまう。こうなると、しばらく株価は戻ってくることはない。1年以上「塩漬け」となり、何もできなくなる可能性が大きい。

下方修正発表後、株価が上昇していれば、悪材料出尽くしであり、当面はこれ以上株価が下がらないサインとなる。リターンが大きくなることが多く、買い増しも可能である。

②非保有銘柄の場合

知らない銘柄の場合は、絶対に飛びつかないこと。逆張り的な発想で株価が下がっているのをチャンスとして買うのは危険すぎる。

知っている銘柄の場合、明らかに割高な水準と判断できれば、カラ売りを仕掛けることが可能である。「高く売って、安く買い戻す」戦略で利益を上げることができる。逆に株価が上昇し始めてそれが「悪材料出尽くし」と判断できれば、「買い」となる。ただし、必ず逆指値を指すこと。通常の逆指値がマイナス10％であれば、それよりも厳しい水準（例えばマイナス7％）が望ましい。

以上、基本的なパターンについて述べた。上方修正および下方修正はひとたび発表されると、株価の動きが早いため最初のうちは戸惑うことが多いが、これらの基本的な対処法を身につけて活用してほしい。

ただし、個別銘柄の投資では「上方修正」や「下方修正」が発表されて慌てて行動するというのは、実のところあまり感心しないやり方である。日頃からその企業が発表する月次の売上高動向や四半期決算内容などを見極めて、業績修正する可能性について自分でおおまかにでも把握しておくことが重要である。イベントが起こることをある程度察知した上で、それを生かす立場になれば、イベントドリブン型の投資戦略（上方修正、下方修正銘柄にあらかじめ投資をおこなう）を実践することができる。

## 何も個別銘柄で勝負しなくてもよい

下方修正、上昇修正にかかわらず業績発表において、株価が大きく下落するリスクが常に付きまとうことは避けられない。「そういう心臓に悪いことはイヤだ」という人は何も個別銘柄で勝負しなくてもいい。

日経平均やＴＯＰＩＸと同じ動きをするＥＴＦ（上場投資信託）に投資をすれば、そうした個別銘柄特有のイベントリスクから解放されるのでおすすめだ。

ＥＴＦとはマーケットの株価指数に連動する投資信託のことである。投資信託といっても株と同じように証券取引所に上場しており、取引時間中はリアルタイムに売買ができるというのが、一般的な投資信託とは異なる。ＥＴＦは「Exchange Traded Fund」の略称だ。

従来、株価指数に投資する際にはインデックス・ファンドと呼ばれる投資信託に投資をする必要があった。コストとして投資家は購入手数料約1%と信託報酬（年間約0・4%）を支払う。一方、ETFはそれに比べると安価であることがメリットである。ただし、インデックス・ファンドは分配金の再投資ができるのに対して、ETFはそれができないのが大きな違いである。

ちなみに日経平均に連動するETFの代表に日経平均レバレッジ・インデックス（コード番号は1570）があるので上昇相場において活用できる。また、マーケットと反対の動きをする日経平均インバース・インデックス（同1571）もあり、下落相場では基準価格が上がる仕組みだ。さらにマーケットの2倍の動きをする日経平均ブル2倍（同1579）とその反対の日経ダブルインバース（同1357）があり、こちらは半額の投資金額で済むため資金効率がよくなる。いずれも長期的な投資には不向きだが、マーケットの局面ごとに戦略的な投資ツールとして活用できる。

## 4 アノマリーに注意を払おう

世の中には、理論や理屈ではどうしても割り切ることのできないことがしばしば起こる。株式市場でも同じであり、明確な理由がないにもかかわらず同じ現象が頻繁に出るものを「アノマリー」と呼んでいる。

「単なる偶然ではないのか?」

まあ、そのとおりかもしれないのだが、確率が高ければそれに賭けて株式投資のリターンを上げることも可能であるため、全く無視するわけにもいかない。そこで、いくつかの代表的なアノマリーを紹介してみよう。観察してみると意外に面白いのだ。

### Sell in May and Go Away(5月に売り逃げよ)

今や世界中のマーケットはリアルタイムにつながっているから、米国市場でのアノマリーは、もちろん日本市場にも影響を及ぼす。

「5月に売り逃げよ」というのは、1年間を通じて4月頃に株価の天井が来るため、その株価の高い状況において手持ちの株を売却する方が良い、という意味である。

ところで、5月に売り逃げるということは、1年間のうちどこかで買っているはずであるが、それが「October Effect」（10月効果）と呼ばれる10月である。

10月に株価が安くなるのはなぜか？

その要因として着目されているのは、この時期に発表される四半期決算内容はあまり良くない傾向があることである。悪いニュースにマーケットが機敏に反応し、売りが売りを呼ぶ展開となり株価が陰の極になりやすい。そしてこれを見たFRB（米連邦準備理事会）が1年で最も大事なクリスマスセールを無事に乗り切るために、11月にはポジティブな金融政策を打ち、企業業績も回復し、株価も上昇するという図式である。

1949年から76年の調査では、1月から12月までの各月末にNYダウ平均を買って、6カ月後に売るというデータでは「10月末に買って4月末に売る」のがプラス7・2％と最も高いパフォーマンスとなり、これは平均リターンの同3・7％のおよそ2倍となった。

最も悪かったのが「4月末に買って10月末に売る」パターンで同1・1％である。その後も追跡調査がなされ、76年から2000年の期間においては、「10月末に買って4月末に売る」が同9・1％、「4月末に買って10月末に売る」が同1・1％とほぼ同様の結果が出ている。まさに驚くべき結果である。

そういえば、12年までの過去数年間の日本市場は、いつも5月のゴールデンウィーク明けにクラッシュし、11月頃に底入れするというパターンが続いた。5月は決算発表で失望売りや材料出尽くしとなり、加えてヘッジファンドの決算対策で売りが出やすくなる時期である。13年の大きく上昇したアベノミクス相場でも奇しくも5月下旬に急落して「5月に売り逃げよ」の展開になったが、その後もほぼ同様の傾向が続いている。

**カレンダー効果**

カレンダー効果も、米国市場でのアノマリーである。米国の株式市場の統計を過去にさかのぼって調べると、月別では1月が最もパフォーマンスが良く（1月効果）、月内の株価の動きでは月の前半にプラスのパフォーマンスが現れ、後半のリターンはマイナスとなり（月替わり効果）、曜日では金曜日が良い日で月曜日が悪い日であり（週末効果）、1日の動きを見ると取引最初の45分間で株価は際立った上昇を示す（1日内効果）という結果が出ている。

それぞれの効果がどうして起こるのかは謎であるが、次のような要因が影響している可能性がある。

①一定のパターンをもって株式市場へ流入・流出する資金の流れに影響を受けている。

②機関投資家が決算の締めやその他の節目において売り買いを頻繁におこなう行動をとっている。

③企業側が下方修正などの悪いニュースの発表を金曜日の取引終了後におこなう傾向がある。

## 干支別効果、西暦末尾年効果

こちらは日本の株式市場の話である。

「干支《えと》別効果」とは十二支におけるパフォーマンスを計測したものである。1950年から2019年までの日経平均のパフォーマンスを見ると、結果は辰《たつ》年が最も好成績でプラス28・0%であり、次に子《ね》年の同23・8%、卯《う》年同16・4%と続く。一方、最もパフォーマンスが悪いのが午《うま》年でありマイナス5・0%、丑《うし》年の同0・1%、寅《とら》年プラス1・8%と続く。

相場格言では「辰巳《たつみ》天井、午《うま》しり下がり、未《ひつじ》辛抱、申酉《さるとり》騒ぐ。戌《いぬ》は笑い、亥《い》固まる、子《ね》は繁栄、丑《うし》はつまずき、寅《とら》千里を走り、卯《う》は跳ねる」である。

これを見る限り、買いのタイミングは「丑《うし》年で買って、巳《み》年で売る」のがひとつのセオリーとなるが、最近であれば09年に買って13年に売るということになり、「うーん、ぴったりなのかも…」という感じになる。あるいは次のタイミングならば未《ひつじ》年の15年初めくらいに買って、子《ね》年の20年くらいに売る、ということになるのだが、「まさかの新型コロナショックが……」。

「西暦末尾年効果」とは西暦末尾の年を「0」から「9」までの10パターンに分けて、その結果を見たものである。最もパフォーマンスが高いのが「2」のプラス28・1%、次に「9」の同27・2%、「5」の同17・5%と続く。最も悪いのが「7」のマイナス7・5%、次いで「0」の同4・1%、「4」のプラス3・3%となる。最近では、12年が同22・9%となり「2」に加えて「辰年」にもあたる年であった。「うーん、次は……」。ご自分で考えてもらおう。

## 5　投資信託を買う前に、これだけは注意しよう

投資信託は個人投資家から正しく理解されておらず、また正しく活用されてもいない。「○○の時代だ!」とばかり何かのトピックをテーマにしたファンドが設定されると安易に購入し、ブームの終焉とともに基準価格の急落に見舞われ、大きな損失を抱えるというのが、典型的な投資信託の受益者たちの状況である。何に気をつけ、どう生かすのか?投資信託について考えてみよう。

**投資信託とは**

投資信託とは、多数の投資家から集めた資金を一つにまとめてファンドとし、それを投資の専門家であるファンド・マネジャーが運用することで、その運用成果を投資家に分配する金融商品である。

投資信託は略して「投信」と呼ばれ、投資信託を保有する投資家は受益者と呼ばれる。投資信託にはいつでも投資・解約ができる「オープンエンド型」と決められた期間まで解約ができない「クローズドエンド型」の2種類がある。現在運用されているほとんどの投資信託は「オープンエンド型」である。

投資信託の特徴を簡単に整理すると、次のようになる。

①少額の資金で投資できる

投資家の資金の多寡にかかわらず1口単位で投資できるため、少額でリスク分散されたファンドに投資することができる。

②投資のプロに運用を任せることができる

個人で運用をやろうと思っても時間とノウハウがない。それに代わって運用のプロに任せることによって（もちろん手数料を払うが）、資産運用に取り組むことができる。

③分散投資でリスクを低減

投資信託は数多くの株式や債券に分散して投資をするため、個別銘柄が倒産したりする不測の事態があったとしてもその影響を低減することができる。

④さまざまな商品が用意されている

個人投資家が世界中の株式や債券などに直接投資することは容易ではない。いろいろな用途に応じて、さまざまなファンドが用意されており、好きなものを選んで投資することができる。

**問題点①　売り手側の論理が優先される**

投信会社の資産の増加のほとんどは、「新規設定」されるファンドによるものである。既存ファンドへの資金流入で、毎月着実に資産が増加しているものはほとんどない。

毎月積み立て型の仕組みを持っているファンドですら、増加していないものも多くあり（毎月積み立てをしていない既存顧客が解約している）、数多くのファンドを設定し運用しているからといって、純資産が増えるようにはなっていない。

これは、日本における投資信託の認知度がまだ低いということも大いに関係しているが、売り手側の投資信託会社、および証券会社の姿勢が「新規設定」頼みでビジネスをおこなっているという要因の方が大きいだろう。

既存ファンドに資金の流入がなく、新規設定ファンドでお金を集める以上、できるだけ多く集めるための工夫をしなければならない。「どうしたらより多く売れるか？」＝「どうしたらより多くの資金を集められるか？」＝「どうしたらより多くの手数料が入ってくるか？」は等式で結ばれる。

すべての商品設計はこの発想に基づいているため、「最も売れる」＝「最も旬であり、ブームになっているものを特集したファンド」を企画して販売することになる。そして1社が設定すると、同業他社も我も我もと次々に同じ切り口のファンドを設定することになる。こういうのを「金魚のふん」販売戦略という。

「最も旬であり、ブームになっているもの」は裏返せば、「旬が過ぎればブームが去り、その投資テーマから人々は離れていく」のと同義である。したがって、ファンドの設定当初しばらくの間は、スタート時の基準価格（通常は1万円）を上回って利益が出ている状況もあるが、早々に基準価格を割り込んで受益者全員が損を抱えることが多い。

そうなると、そのファンドを買おうとする投資家はいなくなり、新たな資金が入らなくなる。損失を抱えた人々が半年後くらいから耐えられなくなって、次々に解約が始まる。パフォーマンスの悪化に加えて解約によるダブルパンチで運用資産が減少する。

次にやることは簡単に想像がつく。「またお金を集めなきゃな」「じゃ、今度はこのテーマでやればお金が集まるだろう」と延々と繰り返しているのが、販売側の行動である。毎月新規設定されているファンドにおいて、まさにこうしたテーマやブームに乗る横並び商品というのは、最も危険な一群であり、こういう現象を見ながら「もはやその投資分野はピークアウトだ」と判断を下すのがおおむね正しい。

## 問題点② フルインベストメントされている

投資信託の最大の欠点は時間的分散投資を放棄していることである。「時間的分散投資」の観点から見た投資信託について考えてみよう。

投資信託には、さまざまな種類がある。「大型株」「小型株」「債券型」「バランス型」に加えて「外国株式」「外国債券」や「派生型」などが多数存在する。そしてそのほとんどすべてがフルインベストメントであり、相場が良くても悪くても、手持ちの資金のほぼ100%を常に投資している商品である。投資信託は時間的分散投資を最初から放棄しているのだ。

したがって、基準価格は基本的には相場とともにありきであり、投資家のリターンは投資をしたタイミングによって決定される。そして、売却する時は含み損を抱えた状態であることが多く、実現損を出して取引が終了する。

一方、ヘッジファンドが運用しているファンドは、フルインベストメントとは対極的なスタイルであり、常に買い余力を残してキャッシュを持っている。フルインベストメントしないことから、マーケットそのものに対してリスクが小さく、コツコツとリターンを積み重ねていくという性格を持っている金融商品である。時間的分散投資が最初からストラクチャーとして設計されているのである。

しかし、残念ながら一般の個人投資家に対して公募の形でお金を集めていないため、個人投資家が彼らの商品を買うのは難しい。

もし、投資信託を自分のアセットアロケーションに組み込む場合は、その購入と売却のタイミングを自分で決定しないと、ただ単に大海をプカプカ浮いている漂流者と同じことになってしまう。ここにも「含み益」を「実現益」に変える力と「含み損」を拡大させないための「リスク管理」が必要となる。

**問題点③ コスト的負担が大きい**

投資信託のデメリットがコスト面にあるのは疑いのない事実である。新規購入時に販売手数料として証券会社などの販売会社が３％程度の手数料を徴収する（ネット証券ではもう少し安い。ファンドによってはノーロードということで販売手数料がないものもある）。それに加えて、運用会社が運用報酬として年間１～２％程度の信託報酬を徴収する。これは運用会社だけではなく、販売会社にもその一部が入ることになっている。

したがって、日本株などの自分がよく知っているフィールドであれば、ネット証券を利用している限り、個別銘柄を買うための手数料コストは投資信託に比較すると圧倒的に安いため、投資信託を買って保有する意味はほとんどないだろう。

個別銘柄に投資をするのではなく、「新興国の成長力を買う」といった視点で投資をし、しかも高いリターンを求めるという役割を求めるのならば、コストに見合ったパフォーマンスを上げてくれることも期待できるが、まず「コストありき」という重要な面をきちんとわきまえておく必要がある。

具体的には、毎月分配型ファンドというのは多くの支持を集めたものの、コスト面のマイナスを投資家に感じさせないように設計されている反面、経済的非合理なファンドとなっているため注意が必要である。

毎月分配される金額が純粋に運用から得られたリターンから支払われているのならば問題ないが、基準価格を削って（すなわち、元本を削って）分配金を出している例が非常に多い。また、複利運用の面から見ても、毎月分配金を受け取るたびに課税されるよりも、1年間複利運用をして分配金を受け取った方がリターンは高くなる。

こうした状況にあるにもかかわらず、「安定的」かつ「低リスク」という宣伝がなされているために、一般投資家が飛びつきやすくなる。グローバル・ソブリン・オープンなどをはじめとした外国債券で運用する毎月分配型ファンドは、一時は大流行を極めたものの、その後基準価格が急激に下がり、結局は「投資家が損をするファンド」との認識が広まり、ファンドからの資金の流出が起こっている。

## パフォーマンスをチェックしよう

投資信託は、必ずその運用成績を測定するためのベンチマークが決められている。日本の大型株に投資するファンドならば、そのベンチマークは大型株全体の値動きを表すTOPIX（東証株価指数…東証1部全銘柄の時価総額を反映）といったように、運用する対象となる市場の全体像を表す指数が採用される。

投資信託はフルインベストメントをするため、上昇相場であろうが下落相場であろうが常にこのベンチマークと競争することになる。その成績がファンドの優劣を表すことになり、運用者や運用機関にとって最も重要な尺度となる。ベンチマークがプラス10％の年ならば、もちろんプラス10％を上回らなければならず、反対にマイナス20％の年ならば20％よりもマイナス幅が小さくなることが求められる。したがって、投資信託の提供サイドに立てば、絶対リターンがマイナス15％であってもベンチマークがマイナス20％であれば、それは優れたファンドということになる。

しかしながら、これはあくまでも売り手側の話。投資信託を買った側とすれば、資産運用のために投資しているため、「マイナス15％」などというリターンはあってはならない数字である。したがって、売り手側と買い手側とに投資信託の運用成績に関する認識の大きなギャップがあることを知っていなければならない。逆に言うと、ベンチマークがプラス30％でファンドがプラス25％であれば、売り手側にとっては非常にまずいことであるが、買い手側は自分の投資資産が25％も増加しているため、それに対して不満になる心理的度合いは少ないだろう。

さて、以上のことを踏まえて、「絶対リターンがプラスになり、自分の資産増加に貢献してくれる」という切り口で投資信託とどう付き合えばよいのだろうか？

①アクティブ型ファンド

相場の上昇局面でベンチマークをアウトパフォームし、相場の下落局面でアンダーパフォームする傾向が顕著である。すなわち、マーケットが上昇する局面ではマーケットの平均的な上昇率よりも上回るため利用価値は大きい。しかしながら、マーケットが下落する局面では、その逆となるため投資価値が著しく損なわれる。

②インデックス型ファンド

ベンチマークとほぼ同じ動きをするように銘柄の組み入れをおこなうため、どんな相場局面であっても、ベンチマークと同じパフォーマンスとなる。相場上昇時ではアクティブ型ファンドよりもパフォーマンスは低く、相場下落時ではその逆となる。

信託報酬などのコストは安く、比較的長期投資では利用価値は高い。しかし、そのマーケットの中長期的上昇持続の期待値が低いと、投資価値はあまりない。

## どこまで資産運用の役割を持たせるか

結局のところ、投資信託を買うか買わないかは自分の資産運用において、自分の能力および時間不足を補うために、コストを払ってでもその不足分をカバーしてくれる役割を果たしてもらうかどうかの目的において決めるしかない。

新興国に投資をしたいものの個別銘柄を調査できないし、なかなか投資するのが難しいといった場合は、新興国ファンドを買うというのが「不足分を補う」ということになる。

しかしながら、この場合もきちんと「リスク管理」をおこなった上でやるべきである。

マネー雑誌の投資信託特集などを読むと、目的別におすすめの投資信託によるパッケージ投資が紹介されている。例えば、日本株ファンド30％、米国債券50％、新興国ファンド20％といった具合である。合算は１００％となり、全く現金のウエートがないフルインベストメントである。

どの投資信託も個別のファンドではフルインベストメントになっており、時間的分散投資がなされていない。そういう商品であるにもかかわらず、運用資産の100％を使って投資信託に投資すれば、完全に時間的分散投資を放棄したことになる。そういう投資姿勢は根本的に間違っている。

したがって、投資信託を活用する場合は必ず運用資産に現金の余裕を残し、自分で損失許容度を決めて手動による逆指値注文を発動させ、リスク管理を徹底することが重要である。

## 6　株式投資に関する賢い税金対処法

株式投資に関する税金は、インカムゲインとしての配当金に対して20％、キャピタルゲインとしての売却益に対しても同じく20％となっている。リーマン・ショックで株価が急落した後、2009年から2013年の4年間においては優遇措置としてそれぞれ10％に引き下げられた軽減税率が適用されていたが、2014年から元に戻された。

10％の負担と20％の負担ではやはり重圧感が大きく異なるため、株式投資に関する賢い税金の対処法を知っておくことは損にならないだろう。

配当金に関しては受け取る際にすでに源泉徴収されるので、いわゆる「節税」できる要素は少ない（ただし配当を加えた課税所得が695万円以下の人については、総合課税を選ぶと節税メリットが生じる）が、キャピタルゲインに関しては合法的にいろいろと節税の余地があるため、こちらの方が大事である。個人投資家にはぜひとも押さえてほしいポイントを解説してみよう。

## 一般口座より特定口座を選ぼう――源泉徴収ありか、なしか

証券会社で口座を開設すると「どのタイプで口座を開きますか？」と聞かれる。口座には、一般口座、特定口座（源泉徴収あり）、特定口座（源泉徴収なし）の3つがあり、その中から選択しなければならない。

結論として言っておきたいのは、株式投資を本格的におこなう際、一般口座を選択してはいけないということだ。年間の売却益が20万円を超えた場合、確定申告をしなければならないが、年間の取引記録を自分で作成して売却益を計算しなければならず、売買回数が多い場合は大変となる。したがって、個人投資家にとってメリットはなくデメリットだけである。

特定口座は株式取引のためだけに作られた専用口座であり、証券会社が年間取引書を作成して毎年1月中旬頃に投資家宛に郵送してくれる。したがって、一般口座のように自分

で取引記録を全部調べて計算するといった手間が全くかからない。

特定口座には株式売却の際に証券会社がその都度自動的に売却益にかかる税金を計算して源泉徴収してくれる「源泉徴収あり」と、証券会社が源泉徴収をせずに、本人が確定申告で税金を自分で納める「源泉徴収なし」がある。

「源泉徴収あり」を選ぶと、売却益を得るたびに税金が差し引かれるので、「複利運用」の観点からすると投資資金が目減りすることになる（売却損が出た場合、すでに引かれた税金が戻ってくる）。ただし、源泉徴収されるため確定申告の手間は不要となる。また、配当金についても株式の損益とともに合算して計算されるメリットがある。したがって、自分で納税する手間を省きたいという投資家は「源泉徴収あり」を選ぶのが無難である。

一方、「源泉徴収なし」では売却益から税金が引かれないため、売却資金をフルに活用できるメリットがある。13年まではキャピタルゲイン課税が10％で済んだが、14年からは20％となっているため源泉徴収の有無は年間を通して考えると、大きな差異が出てきそうである。ただし、「源泉徴収なし」の場合は年間取引書や配当金支払通知書を提出して自分で確定申告をおこなう必要がある。なお、複数の証券会社で取引している場合、特定口座（源泉徴収なし）を選ぶこと。取引のすべてが合算できる。

## 年末に節税対策をおこなう

ここからが大事な話。株式投資において税金がかかるのは「売却した時」だけであり、いわゆる保有しているだけでは税金は課せられない。どんなに大きな含み益を抱えていても、売却という形で実現しない限りは税金を支払う必要がない。

そこで年の瀬が迫る頃に考えたいのは、できる限り「今年の売却益の総額」を減らすことである。

保有株がすべて含み益を抱えている場合、もちろんこのワザは使えないが、もし含み損を抱えている銘柄があれば検討に値する。

例えば、12月の下旬において年間の売却益が100万円あったとしよう。一方で、含み損を抱えている銘柄において含み損が合計50万円あるとする。そうすると、これらの銘柄を売却すれば売却益が50万円に半減し、納める税金は売却前の半分となる。含み損を抱えている銘柄を継続保有したい場合、翌日に買い戻しをおこなえばよい（同日は不可。簿価が平均値で計算されてしまい売却損が正しく反映されないため）。

そうすると簿価は売却前に比べて上昇する（従来の簿価よりも高い位置で買い戻しているから）ものの、同じ銘柄を継続保有しながら節税することができるのだ。なお、税金を計算する際の最終売買日はその年の受け渡し最終日の3日前の約定日である（12月30日が最終取引日であれば、最終売買日はその3日前の12月27日となる）。

もし含み損が１００万円の場合は、すべてを売却すればトータルの売却益がゼロとなるため税金もゼロとなる。逆に含み損が２００万円ある場合は、半分の１００万円分だけ売却すればよいことになる。

節税のポイントは「年間の通算の売却益ができる限りゼロになる」ように保有銘柄の売却をすることである。含み損のある銘柄を保有している場合、このことを念頭においておきたい。

なお、年間の取引で売却損が出ている場合、もちろん税金がかからない。確定申告することで翌年より3年間にわたり損失を繰り越すことができる。すなわち、翌年以降の利益を相殺することができる。ただし、毎年毎年、売却損を出してばかりいると、「損失の繰り越し」の効用がなくなってしまうため、そういう投資家にならないように注意しよう。

年間を通じた売却益と売却損のバランスを考えるのが1年単位において大事であるが、売却損が大きな年が出た場合、その後3年スパンでの売却益と売却損のバランスを考えて適切な対処をすれば節税につながる。

なお、株式とデリバティブの損益の合算は現状のところ認められていない。株式とデリバティブは一体のものだと私は個人的に考えているが、現在の税法上では別々に税金が計算される。しかも、デリバティブの場合は源泉徴収の制度がないため、自分で確定申告をおこなう必要がある。

## 7 NISAや確定拠出年金も活用しよう

本章の最後に取り上げるのは、長期での個人資産の形成に役立つＮＩＳＡと確定拠出年金のお話である。とくに今後、長期スパンで資産運用のできる人にとっては有用となるので積極的な活用を検討していただきたい。

### ＮＩＳＡの仕組みは３つある

先ほど述べた配当金ならびにキャピタルゲインに対する優遇課税が２０１４年からなくなった一方、２０１４年に新たに導入されたのが少額投資の税金を優遇するＮＩＳＡ（ニーサ）である。

これはイギリスで１９９９年からすでに実施されているＩＳＡ（アイサ）の制度設計を日本版にアレンジしたことからＮＩＳＡという名称がつけられた。

このＮＩＳＡ口座は今保有している証券口座とは別に開設する必要があるが、年間の上限投資額１２０万円として、この口座において発生する配当や売却益が非課税となるというものである。もちろん複数の証券会社に口座開設はできず、１人１口座しか持てない。

年間120万円までが5年間にわたって適用されるので、最大600万円の元本については非課税扱いとなる。

年間120万円のルールは1回限りなので、例えばある銘柄を1月に120万円投資し、5月に売却すればそれでその年の枠は使い切ったことになる。したがって、短期投資でのメリットはあまりなく、長期投資で大きなリターンをじっくりと狙いたい銘柄向きといえる。

大口で資産運用している個人投資家にとっては年間120万円の枠はあまり魅力がないかもしれないが、これから株式投資を始めたい少額の投資家にとってはメリットが大きいだろう。120万円投資して220万円になって売却した場合、本来ならば売却益100万円に対して20万円の税金を納める必要があるが、税金はゼロとなる。

またこれとは別に、つみたてNISAとジュニアNISAがある。

つみたてNISAは年間40万円を上限として最長20年間の非課税が適用される。先ほどのNISAとは併用できないが、非課税枠が800万円に拡大されるため、若い世代で毎年少しずつ投資をしたい人には打ってつけである。

ジュニアNISAは未成年者を対象にした投資制度で、年間80万円を上限として5年間の非課税が適用されるため非課税枠は400万円。口座の運用・管理は、原則として親権者や祖父母（二親等以内の親族）が代理しておこなう。ジュニアNISAが終われば、20

歳からは一般のＮＩＳＡ口座を開設できるため、両方を活用すれば１０００万円以上の非課税枠を使って資産形成ができる。

なお、注意点としては売却による損失が発生しても、通常の損益通算ができない（同年における利益との相殺、翌年および翌々年への損失の繰り越し）ため、その点はデメリットであることには留意する必要がある。

## 確定拠出年金について

日本の年金制度は非常に複雑でここでそのすべてを解説できないが、通常、年金と言えば「公的年金」を指す。これは国が社会保障の一環として運用している年金で、20歳以上60歳未満の日本に居住するすべての人が対象となる「国民年金」と、民間企業の会社員や公務員等が対象となる「厚生年金」がある。

公的年金の支給開始年齢は原則65歳。60歳で定年退職する場合はその後5年間、公的年金を受け取ることができない。もちろん給付開始までは働いたり、退職時の貯蓄を切り崩すなどの方法もあるが、「私的年金」を活用することによって、公的年金受給までの空白の期間や生活資金の不足分を補うことが可能となる。そこで登場するのが「確定拠出年金」である。

公的年金では国や企業が将来の年金の額を約束しているが、確定拠出年金では加入者自身が投資信託などの金融商品を選んで積み立て形式で資産を運用するため、将来支給される年金額は各自の運用次第で違ってくるのが最大の特徴だ（途中での金融商品の入れ替えが可能）。個人で加入して個人でお金を出す「個人型確定拠出年金」と企業が導入している「企業型確定拠出年金」の2種類がある。

個人型確定拠出年金は「ｉＤｅＣｏ（イデコ）」(individual-type Defined Contribution pension plan）の愛称で呼ばれているため、耳にしたことのある人も多いと思う。20歳以上60歳未満の方であれば、原則誰でも始めることが可能だ。60歳までの長期運用であり、60歳になるまで引き出すことはできない。掛け金は加入者の職業によって異なり、公務員や企業年金ありの会社員なら月額1万２０００円、企業年金なしの会社員や専業主婦・主夫なら月額2万３０００円、自営業なら月額6万８０００円が上限となる（申し込みは５０００円以上、１０００円単位）。メリットとしては、積立金額がすべて所得控除の対象となり所得税・住民税が節税できること。運用で得た利息・配当金や運用益が非課税となること、そして受け取る時に公的年金等控除や退職所得控除の対象となることである。早く始めれば始めるほど、個人の資産形成に役立つ。

企業型確定拠出年金は企業側が従業員に対して掛金を毎月拠出し、従業員が自ら年金資産の運用をおこなう制度である（２０２０年3月現在、3万６０１８社が採用）。企業型ＤＣと呼ばれ、従業員が自動的に加入する場合と、企業型ＤＣに加入するかどうかを選択できる場合がある。運用期限は同じく60歳までであり、原則60歳までは引き出すことはできない。拠出してくれる額は会社での役職等に応じて決まるのが一般的であるが、上限額が決められている。厚生年金基金などの企業年金がある場合は月額2万7500円、ない場合は5万5000円となっている。詳細については勤務先に照会してほしい。

個人型にしても企業型にしても運用期間の延長や掛け金の拡大など今後制度が前向きに発展していく可能性があるため、日頃から注意を払っておいていただきたい。

【巻末付録】

# 株が上がっても下がっても しっかり稼ぐ投資のルール20

これまで本書で述べてきた大事な「投資のルール」についてまとめておこう。20のエッセンスとして箇条書きにしてみた。ぜひとも、心に刻んでおいてほしい。

1. 株式投資の目的を決めておこう。人生における株式投資の意義付けをおこなっておくこと。
2. フルインベストメントせず、常にキャッシュを手元に持っておこう。
3. バイ・アンド・ホールドの時代は終わったことを知ろう。相場は上昇の後には下落、下落の後には上昇というサイクルを繰り返す。
4. リスク管理が重要だ。逆指値注文は「損失の限定」ならびに「利益の拡大」の両面において成果を発揮する。

5．「マイナス5％ルール」を念頭に置こう。月間の最大許容損失を決めておくこと。

6．含み益は「幻」、含み損は「現実」。売却するまでは利益ではない。果実は必ず回収すること。

7．これから投資する銘柄については、きちんと内容を調べる。そして、保有した後は必ず決算関連のニュースをチェックする習慣をつける。

8．分散投資が大事。さまざまなタイプの銘柄に投資をおこなう。最低でも5銘柄への分散を心がけたい。

9．「新高値銘柄」は売らない。「新安値銘柄」は買わない。

10．危ない企業の株価はとことん下落する。

11. 大きな上昇局面ではバリュエーション許容度が拡大し、大きな下落局面では縮小する。したがって、株式相場というのは思った以上に上昇、下落することが多い。

12. 下落局面における対処方法が長期投資のパフォーマンスの優劣を決める。下落局面こそ、信用取引やデリバティブ投資の出番である。

13. 株式運用ノートを作って記録を残そう。経験の積み重ねこそ投資スキルのアップにつながる。

14. レバレッジは決して使わない。マーケットが自分の思惑と反対になれば、たちまち大きな損失を被り立ち直れなくなる。

15. 「ゾーン」の心境で躊躇せずに行動できる投資家に一歩でも近づこう。

16. アノマリーは決して侮ることのできない株式市場の特性である。

17. 中途半端にデイトレードをやっても、その成果は望み薄である。

18. 年末に近づいたら節税対策を考えよ。長期スパンでの投資にはＮＩＳＡや確定拠出年金は節税メリットを発揮する。

19. とにかく生き残れ。マーケットのダメな時ほどマーケットに興味を持つこと。種まきの最大の好機は、皆が関心を失っている時である。

20. 「個人投資家は機関投資家よりも優位な立場にある」ことを知ること。

本書は2013年8月に刊行した同名書を加筆・修正し、新版化したものです。

日経ビジネス人文庫

株《かぶ》が上《あ》がっても下《さ》がっても
しっかり稼《かせ》ぐ投資《とうし》のルール 新版《しんぱん》
波乱相場《はらんそうば》を勝《か》ち抜《ぬ》く

2020年10月1日 第1刷発行

著者
太田 忠
おおた・ただし

発行者
白石 賢

発行
日経BP
日本経済新聞出版本部

発売
日経BPマーケティング
〒105-8308 東京都港区虎ノ門4-3-12

ブックデザイン
藤田美咲

本文DTP
マーリンクレイン

印刷・製本
中央精版印刷


Printed in Japan ISBN978-4-532-19987-6

本書籍に関するお問い合わせ、ご連絡は下記にて承ります。
https://nkbp.jp/booksQA

nbb 好評既刊

「一流」の仕事
小宮一慶
「一人前」にとどまらず「一流」を目指すために、仕事への向き合い方やすぐにできる改善、スキルアップ法を、人気コンサルタントがアドバイス。

「3人で5人分」の成果を上げる仕事術
小室淑恵
残業でなんとかしない、働けるチームをつくる、無駄な仕事を捨てる……。限られた人数と時間で結果を出す、驚きの仕事術を大公開!

35歳からの勉強法
齋藤 孝
勉強は人生最大の娯楽だ! 音楽・美術・文学など興味ある分野から楽しく教養を学び、仕事も人生も豊かにしよう。齋藤流・学問のススメ。

人はチームで磨かれる
齋藤 孝
皆が当事者意識を持ち、創造性を発揮し、助け合うチームはいかにしてできるのか。その実践法を、日本人特有の気質も踏まえながら解説。

すぐれたリーダーに学ぶ言葉の力
齋藤 孝
傑出したリーダーの言葉には力がある。世界観と哲学、情熱と胆力、覚悟と柔軟さ——。賢人たちの名言からリーダーシップの本質に迫る。

nbb 好評既刊

## リーダーは最後に食べなさい!

サイモン・シネック
栗木さつき＝訳

TEDで視聴回数3位、全世界で3700万回以上再生された人気著者が、部下から信頼されるリーダーになるための極意を伝授。

## How Google Works

エリック・シュミット
ジョナサン・ローゼンバーグ
ラリー・ペイジ＝序文

すべてが加速化しているいま、企業が成功するためには考え方を全部変える必要がある。グーグル会長が、新時代のビジネス成功術を伝授。

## フランス女性は太らない

ミレイユ・ジュリアーノ
羽田詩津子＝訳

過激なダイエットや運動をせず、好きなものを食べて楽しむフランス女性が太らない秘密を大公開。世界300万部のベストセラー、待望の文庫化。

## フランス女性の働き方

ミレイユ・ジュリアーノ
羽田詩津子＝訳

シンプルでハッピーな人生を満喫するフランス女性。その働き方の知恵と秘訣とは。『フランス女性は太らない』の続編が文庫で登場!

## Becoming Steve Jobs 上・下

ブレント・シュレンダー
リック・テッツェリ
井口耕二＝訳

アップル追放から復帰までの12年間。この混沌の時代こそが、横柄で無鉄砲な男を大きく変えた。ジョブズの人間的成長を描いた話題作。

nbb 好評既刊

## スノーボール 改訂新版 上・中・下
アリス・シュローダー
伏見威蕃＝訳

伝説の大投資家、ウォーレン・バフェットの戦略と人生哲学とは。5年間の密着取材による唯一の公認伝記、全米ベストセラーを文庫化。

## サイゼリヤ おいしいから売れるのではない 売れているのがおいしい料理だ
正垣泰彦

「自分の店はうまい」と思ってしまったら進歩はない——。国内外で千三百を超すチェーンを築いた創業者による外食経営の教科書。

## イラストレッスン ゴルフ100切りバイブル
「書斎のゴルフ」編集部＝編

「左の耳でパットする」「正しいアドレスはレールの上で」「アプローチはボールを手で投げるように」——。脱ビギナーのための88ポイント。

## 老舗復活「跡取り娘」のブランド再生物語
白河桃子

ホッピー、品川女子学院、浅野屋、曙——老舗復活の鍵は？ 14人の「跡取り娘」に密着、先代との発想の違い、その経営戦略を描き出す。

## 30の都市からよむ世界史
神野正史＝監修
造事務所＝編著

「世界の中心」はなぜ変わっていったのか？ バビロンからニューヨークまで古今東西30の都市を「栄えた年代順」にたどる面白世界史。

nbb 好評既刊

ワインの世界史

山本 博

メソポタミアで生まれたワインは、どのようにして欧州、世界へと広がったのか？ 日本のワイン評論のパイオニアによるワイン全史。

シャンパン大全

山本 博

シャンパンは人生をひときわ輝かせるワインだ。第一人者がその魅力、歴史、味わい方、造り手まで、シャンパンのすべてを語り尽くす。

スイスイ完成！ ワード「ビジネス文書」ワザ99

吉村 弘

簡単な操作を知るだけで、仕事の書類がもっと手早く、カンタンに作成できる。見違えるようになる！ 使えるワザを目的別に紹介。

ニュースと円相場で学ぶ経済学

吉本佳生

景気、物価、貿易……これら毎日の経済ニュースによって円相場は動いている。マクロ経済学の知識が身につく人気の入門書を文庫化。

「なぜか売れる」の公式

理央 周

ヒットするも、しないもすべては必然。流行する商品、店舗には、どんな秘密があるのか。売れるメカニズムをシンプルに解明する。

nbb 好評既刊

## 「なぜか売れる」の営業

理央 周

なぜ売り込むと顧客は逃げてしまうのか。マーケティングのプロが、豊富な実体験、様々な会社の事例を紹介しながら解説する営業の王道。

## なぜ、お客様は「そっち」を買いたくなるのか？

理央 周

落ち目のやきとり店が打つべき一手、人気のパン屋と暇な店の違い——。2択クイズを解くだけでMBA式マーケティングの基礎が学べます。

## 成功する練習の法則

ダグ・レモフ
エリカ・ウールウェイ
ケイティ・イェッツイ

時間ばかりかけて自己満足？ 勉強でもスポーツでもビジネスでも、効率的なスキル向上に不可欠な「正しい練習法」が身につく注目の書。

## Who Gets What

アルビン・E・ロス
櫻井祐子＝訳

進学、就活、婚活、臓器移植……。従来手がけなかった実社会の難題に処方箋を示す新しい経済学をノーベル経済学賞受賞の著者が自ら解説。

## 未来をつくるキャリアの授業

渡辺秀和

1000人を越える相談者の転身を支援してきたキャリアコンサルタントが、夢を叶えるためのキャリアの作り方を伝授する！